Collana

Accademia

Il sapere a portata di tutti

Collana Accademia
Biden primo tempo. Viaggio tra speranze e contraddizioni di un paese chiamato America
di Valentina Clemente
prima edizione: settembre 2022
© 2022, Santelli editore

Gruppo Editoriale Santelli

Santelli editore *dal 1987*
Via P. Calamandrei, 1
Cinisello B. - Milano - 20092
391.4602257
www.santellieditore.it
www.santellionline.it

Progetto editoriale a cura di Martina Vignozzi

Valentina Clemente

BIDEN PRIMO TEMPO

Viaggio tra speranze e contraddizioni di un
paese chiamato America

SANTELLI EDITORE

INDICE

Introduzione

di Riccardo Romani

INTRODUZIONE

di Riccardo Romani

Attraversare la strada che taglia a metà la Valencia County ha gli effetti di una camomilla. La terra è piatta in questa parte di New Mexico dove l'asfalto è perennemente arrostito da un sole implacabile. Persino i nomi delle località evocano atmosfere rilassate, che evocano pace e divertimento: *Las Maravillas, Los Lunas, Casa Colorada* e via così. La sensazione è che il tempo qui lo si trascorra per la metà a ripararsi dalla calura e il resto dentro a qualche fonte termale di cui la regione è ricca.

Alle porte di una località che spunta dal nulla, il cui nome è *Truth or Consequences*, anche il viaggiatore più esperto ha un sobbalzo. Si tratta di una cittadina di poco meno di 10.000 abitanti che prende il nome da un popolare quiz televisivo degli anni '50. Quando ti fermi per guardarti intorno, non c'è molto da vedere. Piccoli complessi residenziali recintati difendono dallo sguardo dei curiosi piscinette pagate a rate, modeste ricchezze accumulate con anni di lavoro o magari buone speculazioni in borsa. L'età media punta decisa verso il nord.

America.

Truth or Consequences era anche il nome di un quiz della NBC tra i più popolari di sempre. Il celebre conduttore Ralph Edwards poneva domande a bruciapelo ai concorrenti. La regola era semplice: dovevano dire la verità. In caso contrario erano costretti a sopportare le conseguenze del loro errore. Tipo un soldato di leva che chiama la giovane moglie in diretta mentre tiene sulle ginocchia una formosa pin-up. Intrattenimento per famiglie, lieve e innocuo ma soprattutto utile per fare da sottofondo al Grande Sogno Americano con la réclame dei cereali a colazione o dell'ultima station wagon nelle pause pubblicitarie. Quando nel decimo anno di trasmissione Ralph Edwards annunciò che avrebbe messo in onda lo show nel primo posto in America chi avesse adottato il nome del programma, in New Mexico furono i più veloci a rispondere, cambiando il vecchio nome *Hot Springs* in *Truth or Consequences* e attirando ogni anno su di loro un bel po' di business, 15 minuti di sana popolarità e una marea di produttori e *talents* della NBC. Un po' come se da noi Forlimpopoli avesse scelto di trasformarsi in "Lascia o Raddoppia".

Truth or Consequences. Immaginate dunque lo stupore nello scoprire che proprio in questo fazzoletto di contee di polvere rossa filtrata da tramonti indimenticabili si decide il destino degli Stati Uniti d'America. Proprio così. Dal 1952, quando vinse il repubblicano Dwight D. Eisenhower, in ogni elezione il candidato che ha vinto qui ha anche ottenuto la presidenza. Se vuoi sapere la verità sul destino dell'America e del resto del mondo, devi passare da qui. A *Truth or Consequences* con la verità non si gioca.

Quel viaggio istruttivo mi aveva rivelato una verità più grande, qualcosa di imprendibile per chi osserva le cose solo di lontano.

Gli Stati Uniti d'America evocano una società ben strutturata, un'organizzazione basata su principi solidi e regole collaudate. Decenni di film hollywoodiani ne hanno declamato i valori, certo anche le storture, ma hanno pur sempre ribadito un senso di sicurezza. Si può guardare alla Casa Bianca colti da un'istintiva percezione di conforto. Beh, le cose non stanno proprio così.

Quando ripenso a *Truth or Consequences* e alla Valencia County – di cui sentirete parlare più in là – e a quel fascino di cui siamo vittime, devo riconoscere che abbiamo coltivato nel subconscio un mito inesorabile. Che la versione televisiva dell'America è quella preferibile, ma decisamente non quella più veritiera.

Quando mi spedirono in Florida nel novembre del 2000 a seguire la penosa coda dell'elezione presidenziale – quella del riconteggio dei voti per decidere chi avesse vinto tra Bush Jr. e Gore – mi sentii sconfitto quanto un bambino che scopre che Babbo Natale era in realtà zio Beppe con la barba finta. Una delle elezioni più cruciali del dopoguerra si era decisa grazie (si fa per dire) al malfunzionamento di migliaia di schede elettorali. "Chad" sta per coriandolo, ovvero quei frammenti di cartone che saltano via quando nel gioco della tombola si buca la scheda, all'estrazione del numero designato. Un difetto delle schede pensate come la tombola fece sì che Bush Jr. diventasse presidente degli Stati Uniti, nonostante avesse ricevuto meno voti di Gore. Le conseguenze della presidenza Bush non hanno bisogno di essere qui elencate.

Truth or Consequences.

Gli Stati Uniti culla della new economy, cuore tecnologico dell'ondata dot.com in rapida espansione, che si fa trovare con le braghe calate di fronte a una scheda elettorale che sembra uscita da una sala bingo di periferia. Meraviglioso, crudele e ben poco mitologico.

Leggendo il libro di Valentina Clemente, oltre a divertirsi un bel po', si ha la sensazione di vivere a cavallo tra fiction e realtà. Solo chi conosce ed ama profondamente quella cultura (un amore che sa cogliere le innumerevoli contraddizioni) può spiegarcela con tale lucidità e accuratezza. Solo chi ha vissuto e studiato l'America con l'umiltà e la disciplina che contraddistinguono il lavoro di Valentina può fornire un resoconto così appassionante e, diciamocelo, a tratti spassoso.

Ma davvero funziona così?

Questa è la domanda più ricorrente che fa chi si trova al cospetto del mito dematerializzato, scomposto e ridotto a poltiglia mediatica. Questo è ciò che fa con successo Valentina, riportando al ground zero della narrazione gli ultimi eventi che hanno sconquassato la società americana e con essa il resto del mondo. Questo lavoro è una specie di guida alla sopravvivenza per aspiranti "opinionisti" anche solo da bar (ma utile anche a molti che attraversano i talk-show sfoggiando una conoscenza scricchiolante sul tema Stati Uniti).

A tratti – ma sono solo lampi fugaci – si ha la percezione che Valentina abbia una predilezione per Trump. Altre volte affiora indulgenza nei confronti di Biden. Ma la verità non è l'una né l'altra. La verità è che Valentina mette in fila fatti inconfutabili e documenti (brillante la ricostruzione di quanto accaduto il 6 gennaio 2020 a Washington con l'assalto al Campidoglio) per lasciare al lettore la facoltà di crearsi una propria opinione. Sembra banale, ma in un'epoca dove ciascuno scolpisce fatti ed eventi con lo scalpello del pregiudizio, essere in grado di proporre un resoconto così netto e preciso è già un'impresa formidabile. Non c'è mito e non c'è inganno. Basta questo per fare di questo libro un'opera indispensabile.

Certo, le suggestioni non mancano perché – come insegnano i coriandoli della Florida – a volte diventa complicato riuscire a distinguere la realtà dalle suggestioni. E allora mi servirò di una referenza di prestigio, per definire ancora meglio ciò che vi aspetta: il mio incontro con Donald Trump, nel suo ufficio della Trump Tower nel 2004 per un'intervista che avrebbe pubblicato GQ Magazine.

Trump lo conoscevo appena, a volte frequentavamo gli stessi posti a New York, un amico comune mi aveva procurato quell'opportunità. Un'ora di intervista che poi erano diventate due. Mi ero trovato di fronte un uomo cordiale, dotato di senso dell'umorismo, per certi versi moderato. Un uomo che avrei stentato a riconoscere quando avrebbe iniziato la sua campagna elettorale bollando i messicani – tutti i messicani – come volgari stupratori.

In verità Trump quel giorno aveva condiviso un aspetto umano quando mi aveva spiegato che se vuoi fare soldi devi perseguire le tue vere passioni, che chi cerca fortuna pensando solo a fare milioni è destinato a fallire. "Guarda i politici", mi disse, "sono tutti affamati di potere e denaro, non gliene frega niente dell'interesse pubblico. Il giorno che diventerò presidente spazzerò via tutte queste sanguisughe". Avevamo chiuso con una risata divertita. Una battuta iperbolica e divertente alla fine di una conversazione cordiale.

Allora non sapevo ancora che l'America è il paese di *Truth or Consequences*. Più tutto ti appare surreale e inverosimile, più è alta la possibilità che si tratti di qualcosa di autentico. Le conseguenze sono evidenti.

Riccardo Romani

Capitolo I

3 NOVEMBRE 2020 – 6 GENNAIO 2021

*Il 7 novembre 2020 viene riconosciuta la vittoria di Biden

CAPITOLO I

3 NOVEMBRE 2020 – 6 GENNAIO 2021

*Il 7 novembre 2020 viene riconosciuta la vittoria di Biden

Certezze poche. Incertezze tante. Forse tantissime. Gli interrogativi che si presentano a pochissime ore dall'apertura dei seggi elettorali, e a urne chiuse, sono sempre molte in ogni paese. Ed è soprattutto negli **Stati Uniti** che di punti interrogativi ce ne sono tanti, anche nel giorno "ufficiale" delle consultazioni elettorali, che, come da regola, si svolgono soltanto in una giornata.

È questo il capitolo che cercherà di fare un po' di ordine tra le varie **incertezze** che contraddistinguono ogni notte elettorale americana, quella che ci tiene sempre svegli fino al mattino dopo, visto che i risultati arrivano con tre fasce orarie diverse dati i tre fusi tra la costa est, la costa ovest e il Midwest statunitense.

È qui che cercheremo anche di elencare quali sono le **certezze** che non mancano mai, senza dimenticare tutti quegli ingredienti che sono fondamentali per affrontare al meglio l'Election Night.

Perché questo è l'inizio di un **lungo viaggio** che tutti noi conosciamo, anche dalla nostra piccola Italia. Un viaggio tra certezze e incertezze che ci fa sempre dormire poco (o anche non dormire affatto), ma che, ogni quattro anni, ci porta nel fantastico e complesso mondo dei grandi elettori e degli stati che si colorano di rosso e blu.

Partenza fissata al **3 novembre 2020**, giorno in cui l'America si reca alle urne e sceglie tra Donald Trump, candidato per il Partito Repubblicano, simboleggiato dall'elefante e dal colore rosso, e Joe Biden, candidato per il Partito Democratico, o meglio il Partito *dell'Asinello* e del colore blu.

Un viaggio scandito da varie tappe: la prima, che conosciamo, è il 3 novembre 2020; la seconda, che conclude la prima parte del viaggio, è il 6 gennaio dell'anno successivo, una giornata che, soprattutto nel 2021, ha segnato un momento nella storia del Paese che non verrà mai dimenticato.

Ma cosa è successo dalla partenza all'arrivo? Quali eventi hanno avuto luogo tra il 3 novembre 2020 e il **6 gennaio 2021**? Un'infinità, a partire dagli stati che si colorano di giorno in giorno, dalle rivendicazioni sui social e dalle ammissioni non fatte, nonché dai momenti che ci fanno capire perché, ogni quattro anni, restiamo incollati davanti alla televisione, agli schermi del cellulare e dei tablet per capire chi guiderà l'America per i successivi quattro anni. Perché, in fondo, l'America è un qualcosa che riguarda sempre tutti.

COME SI VOTA IN AMERICA?

Partiamo dal **voto fisico**, ossia quello alle urne, che avviene in una fascia oraria prestabilita nel giorno delle elezioni, di norma il **primo martedì di novembre**, ogni quattro anni.

Teniamo presente, però, che il voto si può esprimere anche nei giorni precedenti, in date "non ufficiali". Infatti, ogni stato può decidere in completa autonomia se aprire le urne prima dell'effettivo

Election Day e garantire ai suoi cittadini la possibilità di scegliere il proprio candidato presidente **in anticipo**. Questa opzione è nota come *early voting* e molti americani la preferiscono a quella di recarsi ai seggi nel giorno fissato dal comitato elettorale.

Nel 2020, per esempio, la scelta del voto anticipato è stata fatta da 95 milioni di americani, circa il doppio rispetto alla precedente elezione del 2016 quando Donald Trump vinse contro Hillary Clinton.

Tra le opzioni a disposizione degli elettori americani c'è anche il **voto postale**, una possibilità che in molti scelgono e che, negli anni, ha causato più di qualche difficoltà e generato forti tensioni, soprattutto nel conteggio di questi voti arrivati via lettera. Sì, avete letto bene: un voto mandato via posta, anche mesi prima dell'effettiva giornata elettorale. E anche in questo caso sono milioni gli americani che lo scelgono. Il motivo? Semplice: le **distanze**.

L'America è un paese immenso, tra una località e un'altra possono servire anche ore di viaggio (a volte davvero nel nulla), quindi perché spostarsi per ore, magari in un clima avverso, per votare? Ecco che il **voto per posta** assume un valore molto importante, soprattutto perché invita a esprimere la propria preferenza e a far arrivare la propria voce anche da lontano.

E se si pensa che siano poco rilevanti, bisogna capire che proprio il voto in anticipo e quello per posta, soprattutto grazie ad alcune importanti attiviste di colore, sono stati **essenziali** per la **vittoria di Joe Biden** alle elezioni del 2020. Il conteggio di questi voti è stato lungo e intenso, ma ha sottolineato la **forte partecipazione al processo elettorale**, soprattutto quella degli elettori di colore. È stato un aspetto interessante e degno di nota, visto che fino al 2020 non si era mai vista una così grande partecipazione al voto da parte dell'America di colore.

Cosa serve – più di tutto – nella notte elettorale?

Pazienza, e in grandi dosi.

Non solo televisori accesi, tablet e cellulari, ma anche – e soprattutto – tanta **pazienza**. L'elemento-chiave per seguire gli sviluppi dell'Election Night statunitense è proprio questo. Bisogna **prepararsi ad attendere** percentuali, stati rossi o blu e dichiarazioni – vere o presunte – di vittoria, perché, si sa, la sconfitta non si dichiara mai, ma si attende fin proprio alla fine per ammetterla.

Oltre a far appello a tutta la pazienza rimasta, consiglio anche di preparare tanto caffè *per fronteggiare al meglio la domanda da un milione di dollari: Quando si avranno i risultati definitivi?* Le variabili nel 2020 erano molteplici, una su tutte l'adesione, massiccia, al voto (via posta o email) che non si era mai vista prima. I tanti voti raccolti, però, devono prima essere processati, in quanto ogni stato ha un proprio sistema di elaborazione delle schede e la firma di ciascun elettore deve essere verificata, quindi portate tanta pazienza!

Senza dimenticare un'altra regola fondamentale dell'Election Night: **"It's not over until it's over"**, non è finita finché non è finita.

La campagna elettorale? Si fa (anche) via sms.

Oltre a comizi, spot pubblicitari, messaggi sui social, Joe Biden e Donald Trump, aiutati dai loro sostenitori, si sono concentrati su un altro strumento di campagna elettorale: i **messaggi**, o meglio gli sms. Potrebbero sembrare un elemento quasi all'antica, ma vi assicuro che per l'elettorato statunitense sono utilissimi ed estremamente efficaci. Quindi no: non sono stati dimenticati, anzi. In un'elezione dominata anche dall'emergenza **Coronavirus** e dall'obbligo del **distanziamento sociale**, i vecchi sms sono stati utilizzati massicciamente da Repubblicani e Democratici per fare campagna elettorale.

Letteralmente questo processo si identifica come *get-out-the-vote push* e i numeri sono a dir poco da capogiro. Si parla addirittura di milioni di *text messages* inviati per spingere le persone ad andare a votare. Basti pensare che fino a martedì 3 novembre 2020 l'entourage vicino a Donald Trump ne ha inviati **più di un miliardo**. Cifre ancora più elevate per i manager della campagna elettorale del democratico Joe Biden.

Ma perché inviare sms, nonostante esistano da tempo app di messaggistica? Perché sono **veloci** alla lettura, **immediati** e soprattutto evitano a molte persone di ricevere visite, spesso inaspettate, di sconosciuti che puntualmente bussano alle porte di casa per chiedere sostegno ad un candidato specifico.

C'è chi, addirittura, ha organizzato delle **feste a tema** sms. Un gruppo di ragazze, per esempio, tra bicchieri di vino e piatti di formaggio, ha inviato messaggi a familiari ed amici per incoraggiarli ad andare a votare. Tutto questo per un unico obiettivo: spingere le persone ad andare a esprimere il proprio voto. Perché in ogni elezione, come non mai, ***every vote counts***.

L'ESITO DELLE ELEZIONI? DIPENDE (ANCHE) DA UNA FIRMA

Un aspetto di cui non si parla molto, ma che può potenzialmente essere la causa di tanti voti nulli, *è la* **firma** sulla scheda elettorale, o meglio la firma sulla *Voter Registration Card*, una sorta di tessera elettorale che ogni cittadino statunitense richiede al compimento dei 18 anni e in cui si dichiara repubblicano o democratico, che non è però necessario portare quando si va al seggio a votare.

La firma deve essere **identica** a quella che si apporta sulla cosiddetta *mail ballot*, ossia il **voto** che si invia **per posta** e che non per forza deve corrispondere alla preferenza della *Voter Registration Card*. Ad esempio, un *registered Republican*, vale a dire un cittadino che si è registrato come repubblicano, può comunque votare per Joe Biden, un democratico. Persone dedicate vengono assunte appositamente per controllare le due firme e spesso, se si vedono delle leggere **incongruenze**, il **voto** viene **dichiarato nullo**.

Ma come funziona questo processo? Milioni di schede per corrispondenza arrivano negli uffici elettorali di tutto il paese, pronte per l'elaborazione. Ed è proprio prima del conteggio che arriva il **test della firma**, quindi gli addetti alle elezioni digitano nel sistema il nome dell'elettore di cui hanno ricevuto il voto e subito compare una copia della *Voter Registration Card* su cui è presente la firma dell'elettore. A volte questa può essere diversa, seppur di poco, rispetto a quella apportata sul voto spedito e anche una leggera incongruenza può dettare l'invalidità di un voto.

Si capisce bene come la procedura di verifica richieda dunque delle ore, se eseguita da professionisti in procedimenti penali o legali. Ma i dipendenti delle elezioni di molti stati la svolgono in cinque secondi. E questo è stato un **problema**, soprattutto nel **2020**, perché la percentuale dei voti spediti è stata altissima, il **tempo** per processarli **limitato** e altrettanto alti sono stati i reclami e le rivendicazioni.

Le incertezze, come abbiamo visto, sono tante, e non solo in America. Ci sono, però, delle **certezze**. Ripartiamo da queste, dal giorno di novembre, dal numero dei Grandi Elettori per un candidato affinché venga eletto presidente e dal voto a Dixville Notch.

Il presidente è prima di tutto *eletto*, in seguito sarà certificata la vittoria di uno dei due candidati, che avviene il 6 gennaio dell'anno successivo alle elezioni, e avrà luogo la cerimonia di insediamento che, come da tradizione, è sempre il 20 gennaio, rigorosamente ogni quattro anni, nell'anno successivo alle consultazioni elettorali. È sempre stato così, ormai lo dice la storia recente degli Stati Uniti d'America.

Ma andiamo con ordine e guardiamo alle uniche **tre certezze** che riguardano le elezioni.

Il **giorno** del voto, come da tradizione, è sempre il martedì dopo il primo lunedì di novembre. La regola è stata stabilita il 23 gennaio

1845, quando il 28° Congresso degli Stati Uniti approvò "un atto per stabilire un orario uniforme per lo svolgimento delle elezioni degli elettori del Presidente e del Vicepresidente in tutti gli Stati dell'Unione". L'atto ha selezionato *il martedì dopo il primo lunedì di novembre* come giorno in cui tutti gli stati devono nominare gli elettori.

Non a caso, però, la formula include l'espressione *elezioni degli elettori*. Per ottenere la vittoria, infatti, non bisogna necessariamente aver ottenuto la maggioranza dei voti in tutti e 50 gli stati, bensì avere il numero di grandi elettori necessari in ciascuno stato per vincere. E questa è la seconda certezza: per eleggere il presidente e il vicepresidente è richiesto che uno dei due candidati ottenga la **maggioranza assoluta di 270 o più voti elettorali** tra gli attuali 538 elettori.

Ma chi sono questi Grandi Elettori? Partiamo da un assunto: ogni stato ottiene almeno tre voti elettorali, perché il numero di elettori di uno stato è identico al numero totale dei suoi senatori e rappresentanti al Congresso e sette stati hanno il numero minimo di tre elettori. Anche Washington, D.C. ha tre voti elettorali, grazie al 23° emendamento che ha dato alla capitale della nazione tanti elettori quanti quelli dello stato con il minor numero di voti elettorali. La California, invece, ha il maggior numero di voti elettorali, ovvero 55. Il Texas è il successivo, con 38. New York e Florida ne hanno 29 ciascuno e così via.

I voti elettorali sono ripartiti tra gli Stati in base al Censimento e ad **ogni Stato** viene assegnato un **numero di voti pari al numero di senatori e rappresentanti** nella sua delegazione del Congresso degli Stati Uniti: due voti per i suoi senatori nel Senato degli Stati Uniti, più un numero di voti pari al numero dei suoi distretti del Congresso.

Il voto dei Grandi Elettori conta più di quello dei singoli cittadini ed è cosa nota che un **candidato** possa aggiudicarsi il **voto popolare**, il *popular vote*, **ma non la presidenza**, quindi tecnicamente può vincere e perdere allo stesso tempo. Un esempio recente è **Hillary Clinton**: candidata alla presidenza per il Partito Democratico, ha sfidato Donald Trump alle elezioni dell'8 novembre **2016**. La Clinton vinse il voto popolare, ma non ottenne il numero di Grandi Elettori sufficiente per essere eletta presidente. Appurata la sua sconfitta, non esitò a congratularsi con Donald Trump e a concedergli la vittoria. E questo è un elemento che, in teoria, dovrebbe rientrare negli aspetti certi del post elezione, ma il condizionale, ovviamente, è d'obbligo. Ne parleremo nel dettaglio nelle prossime pagine, perché la cronaca recente ha confermato che non sempre le regole vengono rispettate.

Ricapitolando, quindi, le principali certezze sono: il giorno delle elezioni, i voti necessari per vincere e... **Dixville Notch**.

DIXVILLE NOTCH: CHE COS'È, DOVE SI TROVA E SOPRATTUTTO PERCHÉ È COSÌ NOTO.

Se mai vi è capitato di seguire le elezioni americane, avrete sicuramente visto, ogni quattro anni a novembre, in ogni telegiornale italiano le immagini in diretta da questo **piccolo paese in New Hampshire**, situato lungo il confine USA-Canada. È il **primo posto dove si vota** nel territorio americano. Qui c'è una tradizione di lungo corso, ossia che l'esito delle votazioni in questo paesino solitamente **anticipa il risultato** a livello nazionale.

Solo in un'occasione questo paesino del New Hampshire ci ha lasciati tutti a bocca aperta e fu nel 2016, quando Hillary Clinton si aggiudicò Dixville Notch, ma fu Donald Trump a vincere le elezioni. Gli errori capitano a tutti e ovunque e questo "inconveniente" è accaduto soltanto un anno, perché nel 2020 il piccolo paese assegna la vittoria a Joe Biden, che poi sarà il vero vincitore.

Oltre al risultato, però, Dixville Notch ha un'altra particolarità: si vota a mezzanotte e i risultati si sanno pochi minuti dopo. Quindi questo è il primo posto dove si vota in America, e ai seggi fisici, e dove vengono pubblicati i risultati.

Come si svolgono le elezioni in questo piccolo paese che ogni quattro anni è al centro delle attenzioni? Per tradizione tutti gli elettori aventi diritto si riuniscono nella leggendaria *Ballot Room* del resort The Balsams. Qui votano, segretamente, una volta aperte le urne, allo scoccare della mezzanotte. Dopo che ogni scrutinio è stato espresso, i voti vengono conteggiati e i **risultati annunciati ore prima di qualsiasi altro posto**, rendendo Dixville Notch un luogo privilegiato per giornalisti e osservatori desiderosi di qualsiasi suggerimento e accenno a ciò che accadrà il giorno delle elezioni.

Un elemento a favore degli elettori di Dixville Notch è che non ci sono file. Al censimento del 2010 nella township c'erano solo 12 residenti!

Qui la tradizione del voto mattutino si svolge nelle elezioni primarie e generali dal 1960, nonostante la popolazione in diminuzione del comune e una leggera preoccupazione su come si sarebbero svolte le primarie di febbraio dopo che il consigliere comunale si era trasferito, il che significava che nessuno era disponibile per gestire il processo elettorale. Fortunatamente per gli appassionati di politica americana, e di Dixville Notch, quella posizione è stata subito occupata e la tradizione conservata.

Questo paesino sperduto nel New Hampshire non è il solo, però, a dare un'indicazione molto probabile del risultato elettorale americano. C'è, infatti, anche una contea dall'altra parte del Paese: Valencia, nel New Mexico.

Valencia County, piccolo ma significativo specchio del voto statunitense

Dimenticatevi Ohio, Pennsylvania e Florida. Per sapere i risultati delle elezioni presidenziali statunitensi basta guardare a un rettangolo di 1.068 miglia quadrate di allevamenti di bestiame, riserve di nativi americani e periferie piene di pendolari. Una contea oscura in un piccolo stato del sud-ovest degli Stati Uniti che, però, si è sempre rivelato premonitore.

Il detto è chiaro ma forse non molto conosciuto: "*As Valencia County goes, so goes the nation*", ovvero *se la contea di Valencia va in una certa direzione, anche il Paese farà lo stesso*.

Siamo nello stato del New Mexico, nel sudovest degli Stati Uniti. Capitale Albuquerque, città conosciuta anche grazie al film *Little Miss Sunshine*, ma non per molto altro se non per la Contea di Valencia e la sua storia particolare legata ai risultati delle elezioni statunitensi.

Con una popolazione di 76.688 persone, Valencia è la sesta contea più popolosa del New Mexico. Dal 1952, anno dell'elezione del repubblicano Dwight D. Eisenhower, è anche la County che rispecchia il voto del Paese: in ogni elezione da allora il candidato che ha vinto qui ha anche ottenuto la presidenza. Un microcosmo quasi improbabile, ma pur sempre significativo, che si tiene in considerazione.

E nel 2020 com'è andata? A Valencia County ha vinto Donald Trump, mentre il risultato definitivo è stato differente.

3 NOVEMBRE 2020: LET THE ELECTIONS START!

Che cosa accade il 3 novembre 2020? La risposta è che non c'è un vincitore e non c'è un perdente.

Nella notte elettorale si continuano a contare i voti senza, però, avere un risultato definitivo. E se da un lato Joe Biden sembra essere più cauto e attendista, dall'altro Donald Trump continua a rivendicare di aver vinto. Ed è quello che continuerà a fare anche nei mesi successivi.

Una prima indicazione di questi due **atteggiamenti** si vede il 7 **novembre 2020**, quando molte televisioni americane annunciano il risultato finale, o meglio il risultato che assegna il titolo di "President Elect", ovvero di **Presidente eletto**. Uno dei due candidati ha raggiunto il numero di Grandi Elettori necessario. Il candidato scelto dagli americani è **Joe Biden**. Scrivo "americani" per un motivo chiaro, perché il candidato democratico non ottiene solo il numero di **voti dei grandi elettori**, ma vince **anche il voto popolare**. Il senatore del Delaware, già vicepresidente di Barack Obama per due mandati, è ufficialmente il nuovo Presidente degli Stati Uniti d'America. Sui social Kamala Harris, candidata a VP di Joe Biden, pubblica un video in cui, rivolgendosi proprio a Biden, dice: *Joe, we did it! You're gonna be the next President of the United States*[1], corredato da una risata di soddisfazione.

L'America, quindi, sceglie il democratico Joe **Biden** come **46°** **presidente.**

Il presidente eletto fa il suo ingresso nelle case dei cittadini di tutto il mondo tenendo il suo primo discorso dalla città natale di Wilmington, nel Delaware. Si rivolge soprattutto a chi non ha votato per lui, pronunciando queste parole:

Capisco la delusione di stasera. Ho perso anch'io un paio di volte. Ma ora diamoci una possibilità. Questo è il momento di guarire l'America.

La senatrice della California Kamala Harris, ora vicepresidente di Joe Biden, entra nella storia come prima donna, prima persona di colore e prima persona di origine sud-asiatica a diventare vicepresidente. Sottolinea l'importanza del suo ruolo così:

Anche se potrei essere la prima donna in questo ufficio, non sarò l'ultima, perché ogni bambina che vede me stasera vede che questo è un paese di possibilità.

Trump, che è sul campo da golf quando la CNN e altre reti televisive danno i risultati pressoché definitivi delle votazioni, non ammetterà mai di aver perso. Mentre è in viaggio per la Virginia, addirittura twitta: *HO VINTO QUESTA ELEZIONE, DI MOLTO!*

Ma i sostenitori di Biden, le cui mascherine riflettono le circostanze straordinarie di **un'elezione nell'era della pandemia**, si riversano nelle strade di tutto il paese in un momento di catarsi per celebrare la vittoria del presidente eletto.

L'ex presidente Barack Obama rilascia una dichiarazione come testimonianza del carattere del suo ex vicepresidente e chiede agli

---

[1] Ce l'abbiamo fatta, Joe! Sarai il prossimo presidente degli Stati Uniti.

americani di mettere da parte le loro differenze politiche e dargli una possibilità.

Quando entrerà alla Casa Bianca a gennaio, affronterà una serie di sfide straordinarie che nessun presidente entrante ha mai avuto: una pandemia, un'economia e un sistema giudiziario disuguali, una democrazia a rischio e un clima pericoloso. [...] So che lavorerà tenendo a cuore i migliori interessi di ogni americano, indipendentemente dal fatto che abbia avuto il loro voto.

E ancora:

I risultati elettorali a tutti i livelli mostrano che il Paese rimane profondamente e amaramente diviso. Spetterà non solo a Joe e Kamala, ma a ciascuno di noi, fare la propria parte: andare oltre la nostra zona di comfort, ascoltare gli altri, abbassare la temperatura e trovare un terreno comune da cui partire per andare avanti, ricordandoci tutti che siamo una nazione guidata da Dio.

Come in una svolta cinematografica, è stato proprio lo stato d'infanzia di Biden, la **Pennsylvania**, a portarlo **oltre la soglia dei 270 voti elettorali** e a "consegnargli" la Casa Bianca. Trump aveva avuto un ampio vantaggio su Biden nella notte delle elezioni, ma mentre i funzionari elettorali contavano centinaia di migliaia di schede per corrispondenza, la corsa si è spostata drasticamente a favore di Biden, facendo **infuriare Trump** e i suoi alleati.

Il fatto che il Keystone State, la Pennsylvania, sia stato l'ultimo ostacolo nel percorso di Biden verso la Casa Bianca è stata la degna conclusione di un percorso molto combattuto per uno che ha coltivato a lungo la sua immagine di *Joe della classe media* di Scranton.

In una visita che ora sembra quasi profetica è **bene ricordare che Biden aveva fatto un ultimo viaggio nella sua casa d'infanzia, dopo aver trascorso gran parte della campagna promettendo di dare priorità ai mezzi di sussistenza dei molti elettori della classe**

operaia che Hillary Clinton aveva deluso nel 2016. Su una delle pareti del soggiorno della casa in cui è cresciuto ha scritto:

Da questa Casa alla Casa Bianca con la grazia di Dio

firmando con il suo nome e la data *11.3.2020*.

Negli ultimi giorni della gara la squadra di Biden aveva raddoppiato i suoi sforzi per ricostruire il "muro blu" dei democratici – mossa che ha ripagato Biden, che ha vinto Pennsylvania, Michigan e Wisconsin.

Victory Day Jill Joe Biden (Ph. Twitter Jill Biden)

E Donald Trump?

Mentre vede svanire le speranze di una possibile rielezione, **The Donald** si scaglia su **Twitter** durante il conteggio dei voti, tentando di **minare le istituzioni democratiche** con richieste come "STOP THE COUNT." Il 45° presidente degli Stati Uniti afferma – falsamente – che l'elezione gli è stata rubata poiché molti voti per corrispondenza, che vengono spesso contati dopo i voti del giorno delle elezioni, sono stati assegnati al suo avversario.

Trump continua a **denigrare il processo elettorale**, suggerendo erroneamente che ci sia qualcosa di nefasto nel fatto che il conteggio dei voti negli stati chiave sia continuato anche dopo martedì 3 novembre, come invece è consuetudine nelle elezioni statunitensi. Nel frattempo, il suo team avvia una serie di **azioni legali** in diversi stati, inclusa la Pennsylvania, cercando di **fermare il conteggio dei voti** in alcune aree, sfidando quindi anche il modo in cui gli osservatori possono monitorare da vicino i funzionari che contano i voti.

Dal 7 novembre in poi Donald Trump non ha **mai ammesso di aver perso** le elezioni e, di conseguenza, a differenza dei predecessori, non ha mai concesso la vittoria a Joe Biden.

"I just want to find 11,780 votes"

Donald Trump è sempre stato convinto di aver vinto le elezioni. E per fare questo non ha mai smesso di cercare i voti che gli mancavano per decretarsi il vincitore e restare alla guida dell'America per altri quattro anni.

(Ri)partiamo da uno degli stati principali che, in teoria, non avrebbe dovuto destare interesse in Donald Trump, anche se non è stato così. Parliamo della **Georgia**, nel sud degli Stati Uniti, uno stato di tradizione repubblicana, soprannominato Peach State per le sue pesche. Il candidato democratico se l'**è aggiudicato di poco, ma** di un poco che **è stato fondamentale.** L'ultimo democratico ad aver conquistato la Georgia era stato Bill Clinton nella sua corsa alla Casa Bianca durante le elezioni del **1992**.

Donald Trump, quasi due mesi dopo il giorno delle elezioni, più precisamente il 2 gennaio dell'anno seguente, chiama Brad Raffensperger, segretario di Stato della Georgia per dirgli:

È abbastanza chiaro che abbiamo vinto. ***Voglio solo trovare 11.780 voti,*** *che è **uno in più** di quelli che abbiamo per superare il totale di Biden.*

In questa conversazione, durata circa un'ora e di cui abbiamo la registrazione grazie a Amy Gardner, giornalista del Washington Post, il Tycoon sollecita Raffensperger a "trovare" abbastanza voti per poter

ribaltare la vittoria di Joe Biden nel Peach State. E lo **minaccia**, con imprecisate conseguenze penali, qualora non riesca a soddisfare la sua richiesta. Una lunga telefonata in cui Trump usa **informazioni errate** e cita **teorie cospirazioniste**, dando anche poco spazio di replica al suo interlocutore.

Raffensperger, repubblicano che ha sostenuto Trump, non asseconda le richieste del presidente uscente, nonostante il Tycoon continui a dire "Questo è un grosso rischio per te. Questo è veramente un grosso rischio."

In un'intervista alla stessa Amy Gardner, realizzata il 4 gennaio 2021 a poche ore dalla telefonata, ma soprattutto dalla pubblicazione sul Washington Post dell'audio del dialogo, la giornalista afferma:

Donald Trump non è mai stato un presidente "tradizionale". Penso che questa sua continua insistenza sui brogli elettorali, mai avvenuti in Georgia, serva soltanto a mantenere vivo il rancore dei suoi sostenitori. Di cui lui ha bisogno. [...] Ancora non sappiamo se Donald Trump avrà ancora il sostegno forte dei suoi elettori, dopo quello che è accaduto e dopo la pubblicazione di questa conversazione. Ciò di cui siamo a conoscenza è che molti senatori vogliono che lui si ricandidi nel 2024. Trump ha ancora molto potere all'interno del Partito Repubblicano.

L'idea di aver perso non ha mai abbandonato Donald Trump e quello che è **successo il 6 gennaio 2021,** giorno in cui il Congresso si riunisce in sessione congiunta per contare i voti elettorali, ne è la prova.

Capitolo II

INAUGURATION DAY

6 gennaio 2021, dal MAGA Rally all'assalto al Congresso americano

CAPITOLO II

INAUGURATION DAY

6 gennaio 2021, dal MAGA Rally all'assalto al Congresso americano

Ho due ricordi molto chiari del 6 gennaio 2021: **quello che vedevo** in tv e **quello che cercavo di raccontare** a chi stava guardando la televisione.

Sapevo che a Washington, DC, città che conosco bene, ci sarebbe stata una **manifestazione** a sostegno di Donald Trump dal titolo **"Stop the steal"**, in cui lo stesso Presidente Trump avrebbe fatto un breve intervento.

Un'occasione in cui, ne ero certa, il Tycoon avrebbe ricordato a tutti i suoi sostenitori che il risultato delle elezioni era stato falsato, che lui era l'unico Presidente e che quel giorno, proprio il 6 gennaio, la sessione riunita del Congresso non si sarebbe dovuta svolgere.

Perché?
In quell'**occasione** si sarebbe **certificata la vittoria di Joe Biden**

alle elezioni di novembre e Trump, che non ha mai ammesso di aver perso, non voleva che questo accadesse.

Ma che cosa è successo il 6 gennaio?

Partiamo da un numero: **187**. Sono 187 i minuti compresi tra le 13:10, quando Trump invita i suoi seguaci a marciare sul Campidoglio, e le 16:17, quando pubblica un video in cui dice loro di tornare a casa. **Più di tre ore** che ho seguito in diretta attraverso le immagini delle agenzie internazionali che arrivavano in redazione e che io, **in onda**, cercavo di "tradurre" a chi ci stava guardando. Sì, *tradurre*. O meglio: **rendere comprensibili**.

Chi guarda ha il diritto di capire cosa sta succedendo, quali sono gli attori, le premesse e le conseguenze di quanto sta emergendo. Tutto questo con parole semplici. Ricordo ogni istante: cercavo di spiegare in quale zona della città si trovava Capitol Hill, chi fossero veramente i sostenitori di Donald Trump, il perché stesse accadendo quel disordine. Mi sentivo toccata nel profondo, mentre vedevo le immagini di quella folla impazzita entrare in un **luogo** che per me è sempre stato quasi **sacro**, proprio perché vi ero entrata molte volte quando vivevo e studiavo lì, nel 2005.

Nel gennaio di quell'anno avevo partecipato all'insediamento di **George W. Bush**, il secondo, dopo la sua conferma alle elezioni del **2004**, che l'avevano visto vincere contro John F.Kerry. Di quel giorno ricordo la folla, i manifestanti che si erano radunati nei pressi di Capitol Hill, il freddo gelido, la neve. Ma ricordo soprattutto il **rispetto nei confronti del Presidente** che stava parlando a tutto il Paese, anche a quella parte dell'America che stava manifestando contro di lui. Manifestazioni sì, ma non violente.

Quei luoghi, dove si respira la politica statunitense, per me erano sacri e invalicabili. Vedere attraverso gli schermi che un nutrito gruppo di **sostenitori di Donald Trump** (attenzione: trumpiani e non repubblicani – nonostante Trump fosse stato il presidente del

Partito Repubblicano – la differenza è sostanziale) stava perpetrando atti di **violenza** in quei posti, era qualcosa di **inverosimile**.

Eppure stava accadendo.

Ma soprattutto non sembravano volersi fermare.

Di quelle quasi tre ore ricordo tutto: le parole di Trump, i suoi tweet, il suo messaggio, le parole di Joe Biden, le urla dei manifestanti, i volti di alcuni di loro. Ricordo i giorni seguenti, quando sono stati dati i numeri di quell'assalto, dai morti ai feriti. Ma anche le indagini continue su quanto era accaduto, che continuano anche in questi giorni.

Cerchiamo, però, di procedere con ordine e **spiegare nel dettaglio** quanto è accaduto il 6 gennaio 2021, perché quei 187 minuti sono stati fatali, quali sono state le parole di Trump e Biden, le reazioni di Nancy Pelosi e Liz Cheney. Ma, soprattutto, perché quel giorno è stato così importante per l'America e non solo.

Last but not least, preciso che tutto ciò che leggerete nei prossimi paragrafi è tratto da documenti giudiziari, registri pubblici e registrazioni effettuate da giornalisti sul posto e organizzazioni che continuano a fare ricerca su quanto è successo.

ELLIPSE PARK, WASHINGTON D.C.

All'**Ellipse Park**, parco a pochi minuti a piedi dalla Casa Bianca, i **sostenitori** di Donald Trump **si radunano** dalle prime ore del mattino. Alle 8:06, infatti, un avviso interno dei servizi segreti afferma che **circa 10.000 persone** attendono di passare attraverso i metal detector e alcune "indossano elmetti balistici, giubbotti antiproiettile e portano apparecchiature radio e zaini militari".[2]

Nelle vicinanze, **Paul Hodgkins**, gruista di 38 anni di Tampa, recatosi a Washington per mostrare il suo sostegno a Trump dopo aver letto false affermazioni secondo cui le elezioni erano state truccate –

---

[2] Tutte queste conversazioni sono state rese pubbliche da https://www.americanoversight.org/

una decisione che avrebbe drasticamente stravolto la sua vita – sale su un albero per avere una buona visuale. Preoccupato per le schermaglie di strada, è arrivato preparato: Hodgkins ha avvolto i suoi avambracci in guanti di pelle che ha indossato nelle partite di wrestling.

Negli stessi minuti, alla Casa Bianca, nello specifico alle 8:17, Donald **Trump twitta** un chiaro messaggio **rivolto a Mike Pence**, suo vice, che si sta preparando a presiedere la sessione congiunta del Congresso alle 13:00, in cui sarà certificata la vittoria di Joe Biden:

@realDonaldTrump
States want to correct their votes, which they now know were based on irregularities and fraud, plus corrupt process never received legislative approval. All Mike Pence has to do is send them back to the States, AND WE WIN. Do it Mike, this is a time for extreme courage! [3]

Intorno **alle 9:00**, quattro delle figure più vicine a Pence – il capo di stato maggiore Marc Short, il direttore degli affari legislativi Chris Hodgson, il consigliere Greg Jacob e l'ufficio stampa Devin O'Malley – incontrano il vicepresidente nella sua residenza dell'Osservatorio navale. Rileggono per l'ultima volta la **lettera scritta per Pence da inviare ai membri del Congresso** notificando loro l'intenzione di seguire il suo dovere costituzionale e supervisionare la certificazione dei risultati del collegio elettorale.

Il **documento di tre pagine** rispecchia l'interpretazione di Pence della Costituzione, compresi i suoi obblighi come presidente e i limiti del suo potere di agire per alterare i risultati.

Negli stessi minuti, nello Studio Ovale, Donald Trump è con i membri della famiglia e i suoi consiglieri. Sta guardando la televisione nella sua sala da pranzo privata per controllare la dimensione della

---

[3] "Gli stati vogliono modificare i loro voti, che ora sanno essere basati su irregolarità e frodi, inoltre il processo di corruzione non ha mai ricevuto l'approvazione legislativa. Tutto ciò che Mike Pence deve fare è mandarli indietro. E VINCIREMO. Fallo, Mike, questo è il momento del coraggio!"

folla che si sta radunando all'Ellipse e poco dopo rivede con Stephen Miller il discorso da rivolgere ai suoi sostenitori.

Kimberly **Guilfoyle**, fidanzata del figlio maggiore del presidente, Donald Trump Jr., asseconda la fantasia che Pence cambierà i risultati delle elezioni. Guilfoyle **ritiene che la folla**, che sta sempre più aumentando, **rappresenti un consenso nazionale**. "Stanno solo riflettendo la volontà delle persone" dice. "Questa è la volontà del popolo."[4]

Trump e Pence parlano al telefono quella mattina. Una **telefonata concisa**, in cui Pence ribadisce quanto ha detto al presidente il giorno prima, quando si sono incontrati faccia a faccia nello Studio Ovale: non aveva altra scelta che vigilare sulla certificazione del collegio elettorale. Parlando dall'Osservatorio Navale, **Pence spiega** che il dovere del **vicepresidente** è cerimoniale e che la sua **autorità è limitata**. Trump, però, ribatte dicendo: "Non hai il coraggio di prendere una decisione difficile[5]".

Con l'**avvicinarsi dei festeggiamenti** di mezzogiorno le bandiere rosse, con la sigla MAGA (Make America Great Again, il motto di Donald Trump) sono sempre più numerose.

Alle **10:58** la **polizia recupera delle armi da fuoco** da un veicolo incustodito a nord del centro commerciale.

Alle **11:11** la polizia trova un **veicolo** nei pressi dell'Enfant Plaza **con un fucile e un cannocchiale** in bella vista.

Fuori dal **Campidoglio**, intorno alle 11:30, **arrivano i Proud Boys**, gruppo di estrema destra. Si distinguono dal resto della folla del MAGA perché si muovono in **formazione semi-organizzata** – cinque alla volta – come se fossero miliziani. Sono per la stragrande maggioranza maschi e quasi esclusivamente bianchi. Indossano toppe

[4] https://www.propublica.org/article/texts-show-kimberly-guilfoyle-bragged-about-raising-millions-for-rally-that-fueled-capitol-riot

[5] https://www.businessinsider.com/trump-attacks-pence-for-not-having-courage-to-overturn-election-2021-1?r=US&IR=T

o ghette con bandiere confederate, teschi e altri **simboli estremisti**.

Alle **11:39 Trump parte dalla Casa Bianca** con un corteo di automobili per raggiungere l'Ellipse, dove, insieme a collaboratori e familiari, si intrattiene sotto una tenda bianca prima di salire sul palco del raduno.

11:57: inizia il discorso di Donald Trump al raduno Stop the steal

Mentre Trump e il suo entourage festeggiano nel backstage sotto la tenda, la polizia di Washington risponde alle **segnalazioni di un uomo con un fucile** nelle vicinanze della 15th Street e Constitution Avenue. Allo stesso tempo il Dipartimento della sicurezza interna degli Stati Uniti riferisce di aver trovato, all'interno del veicolo, due pistole, un fucile e un cannocchiale.

Trump inizia a parlare alle 11:57. A metà del discorso il presidente fa delle pressioni al vicepresidente, dicendo ai suoi sostenitori: "Se Mike Pence fa la cosa giusta, vinciamo le elezioni. ... Mike Pence deve esporsi, e se non lo farà, sarà un giorno triste per il nostro paese.[6]"

La situazione inizia a peggiorare. Alle **12:29** un **ufficiale di polizia** del Campidoglio **riferisce di aver sentito alcuni spari** vicino al Senato. E alle **12:33** la **polizia** del parco **riferisce di aver arrestato una persona con un fucile** sulla 17th Street, vicino al Memoriale della Seconda Guerra Mondiale, **non lontano da** dove **Trump** sta parlando.

Alle 12:36 **Pence arriva in Campidoglio**. Trump continua a parlare ai suoi sostenitori e a metà del suo discorso, verso le 12:45, gli agenti della polizia del Campidoglio, insieme agli agenti dell'FBI e del Bureau of Alcohol, Tobacco, Firearms and Explosives, iniziano ad **indagare sulla presenza di una bomba** con un timer trovata **fuori dal Sede del comitato** e su **pacchi sospetti** alla Corte Suprema e vicino

---

[6] https://www.wsj.com/video/trump-full-speech-at-dc-rally-on-jan-6/E4E7BBBF-23B1-4401-ADCE-7D4432D07030.html

alla sede del Comitato nazionale democratico, tutti uffici **vicino al Campidoglio**.

L'attività si rivela una **distrazione per gli ufficiali a guardia del Campidoglio**. Un funzionario della sicurezza nazionale di D.C., incaricato di controllare la folla in aumento, siede in un SUV nero sul lato est del Campidoglio, vicino a una fila di camion degli artificieri della polizia di Capitol Hill. Improvvisamente, gli agenti salgono su diversi camion vicino a lui. La metà si allontana a sud. Molti altri si spostano verso ovest. Il funzionario si rende conto che il suo SUV è ora uno degli ultimi veicoli rimasti e che restano meno di dieci agenti tra il Campidoglio e il crescente numero di manifestanti.

Trump continua ad **aizzare la folla**, ma alcuni partecipanti alla manifestazione iniziano a spostarsi verso il Campidoglio. Alle **12:46 la polizia del Campidoglio** inizia a mettere in atto i protocolli per mantenere tranquilla la situazione. Gli agenti bloccano le strade laterali come precauzione contro possibili speroni di veicoli e questo essenzialmente **crea**, di fatto, **un imbuto protetto per i manifestanti**, direttamente verso il Campidoglio.

Poco prima dell'una del pomeriggio, presso la sede dell'agenzia per la sicurezza interna di Washington, a circa cinque chilometri dal Campidoglio, nelle immagini trasmesse dai network internazionali si vedono alcuni dei manifestanti spingersi verso l'impalcatura in preparazione in vista dell'insediamento di Joe Biden, il 20 gennaio.

La folla sembra stia **prendendo d'assalto il Campidoglio**.

"FIGHT LIKE HELL"

In quegli istanti **Trump** sta terminando il suo discorso e le sue ultime parole risuonano per la città come una **chiamata alle armi**. "Se non combattete, non avrete più un paese" dice. "Cammineremo lungo Pennsylvania Avenue - adoro Pennsylvania Avenue - e andremo al Campidoglio."

Alle 13:10 dice alla folla di marciare per "provare a dare [ai legislatori] il tipo di orgoglio e audacia di cui hanno bisogno per riprendersi il paese."

Vicino al Campidoglio un gruppo di Proud Boys sta ascoltando un live streaming del discorso di Trump. È difficile sentire le parole del presidente con il rumore della folla, ma quando esorta i manifestanti ad assalire il Campidoglio, la notizia si diffonde rapidamente e questo tra i Proud Boys viene **recepito come un comando**.

Mentre la **polizia perde** rapidamente **il controllo** al di fuori del Campidoglio, i legislatori e lo staff si riuniscono all'interno della Camera per la **sessione congiunta**, iniziata alle 13:00. Il conteggio procedurale dei voti inizia stato per stato in ordine alfabetico, ma viene rapidamente interrotto da una sfida repubblicana al conteggio dei voti dell'Arizona.

Trump non si unisce ai manifestanti. Nonostante avesse detto che sarebbe andato in Campidoglio, non c'è alcun apparato predisposto dai Servizi Segreti o dal personale della Casa Bianca per realizzare il suo desiderio.

Alle 13:19 il presidente **torna alla Casa Bianca**, dove si infuria con i suoi collaboratori. Sempre attento alla scenotecnica e all'ottica, Trump sostiene che la folla avrebbe dovuto essere posizionata diversamente. Eppure, si vanta senza sosta di quanto sia grande. Si siede nella sua sala da pranzo privata fuori dallo Studio Ovale per guardare i telegiornali, inveendo con quelli intorno a lui su come Pence sia sleale nel supervisionare la certificazione dei risultati del collegio elettorale.

Alle 13:45 i manifestanti scoprono che il **percorso** che porta al lato del Senato del Campidoglio è **incustodito**.

Alle 13:50 il comandante della **polizia** di Washington **dichiara una rivolta in Campidoglio**. Fuori dal Campidoglio, alcuni rivoltosi cercano di parlare con circa dieci ufficiali: "Non andrà a finire bene per voi", dice uno di loro ai poliziotti. "Guarda i numeri. Vai adesso prima che la situazione peggiori. Stai attento". Gli ufficiali sorridono, ma continuano a fare il possibile per trattenere i rivoltosi. In pochi minuti, tuttavia, vengono sopraffatti.

Alle **13:59** i primi manifestanti raggiungono le finestre e le porte del Campidoglio e **tentano di irrompere all'interno.**

Alle **14:05** viene **dichiarata la prima vittima**: Kevin Greeson, un sostenitore di Trump dell'Alabama, che ha un attacco di cuore appena fuori dall'edificio sul terreno del Campidoglio.

La sessione congiunta si è già sciolta per le obiezioni dei repubblicani al conteggio dei voti dell'Arizona e le due **camere** si sono **divise per discutere** la questione individualmente. Nell'aula del Senato, dove Pence presiede la sessione e il senatore James Lankford (R-Okla.) sta pronunciando un discorso contro la certificazione del voto, il senatore Mitt Romney (R-Utah) riceve un sms dall'assistente Chris Marroletti: *Sono dentro il Campidoglio.*

Alle **14:11 i primi manifestanti accedono all'edificio** usando del legname e uno scudo della polizia per rompere una finestra. Romney si sposta e va verso il suo ufficio nascosto ma, alle 14:12, incontra Eugene Goodman, agente di polizia del Campidoglio, che sta correndo lungo un corridoio del secondo piano fuori dall'aula del Senato. Goodman fa cenno a Romney di voltarsi per evitare i rivoltosi. "Ci sono persone. Sarà più al sicuro dentro", dice Goodman a Romney che, scosso, torna nell'aula del Senato.

Alle **14:13 Pence** viene frettolosamente **allontanato dai suoi servizi segreti** e si precipita attraverso una porta laterale nel suo ufficio cerimoniale nelle vicinanze, insieme ai suoi familiari. I Pence si avvicinano al pericolo, mentre i rivoltosi urlano il suo nome. Più o meno nello stesso momento Goodman si imbatte in una folla al primo piano, dove si ferma sulla soglia gridando ai rivoltosi di fare marcia indietro.

Alla Casa Bianca, **Trump guarda** tutto ciò che sta accadendo in **televisione**. **Contento** che migliaia di suoi sostenitori stiano assaltando il Campidoglio, twitta così alle 14:24:

Donald J. Trump
@realDonaldTrump

Mike Pence didn't have the courage to do what should have been done to protect our Country and our Constitution, giving States a chance to certify a corrected set of facts, not the fraudulent or inaccurate ones which they were asked to previously certify. USA demands the truth![7]
Jan. 6, 2:24 p.m.

In quello stesso istante i Servizi Segreti cercano di **tenere Pence al sicuro**, creando dei momenti di tensione tra gli agenti e il loro protetto. Tim Giebels, agente speciale capo incaricato della scorta protettiva di Pence, chiede due volte al vicepresidente di **lasciare l'edificio**, ma il VP si rifiuta.

"Non lascerò il Campidoglio", dice Pence a Giebels. Teme che l'immagine del suo corteo in partenza possa fornire una vendetta agli insorti.

Quando Giebels glielo chiede una terza volta, alle **14:26, è un ordine**. "Sono nell'edificio", dice l'agente speciale a Pence. "La stanza in cui si trova non è sicura. Ci sono finestre di vetro. **Deve spostarsi**."

Il vicepresidente, la sua famiglia e i suoi collaboratori vengono portati verso un percorso sicuro giù per una scala, in un'area sotterranea protetta che i rivoltosi non possono raggiungere.

La limousine blindata di Pence è parcheggiata lì e Giebels gli chiede di entrare.

———————

[7] "Mike Pence non ha avuto il coraggio di fare ciò che si sarebbe dovuto fare per proteggere il nostro Paese e la nostra Costituzione, dando agli Stati la possibilità di certificare una serie di fatti corretti, non quelli fraudolenti o imprecisi che era stato loro chiesto di certificare in precedenza. Gli USA chiedono la verità!"

45 MINUTI NEL CAOS

Le forze dell'ordine si sbrigano. Nelle settimane precedenti il 6 gennaio, poiché l'FBI ha ricevuto sempre più **segnalazioni di minacce di violenza sui forum online** di estrema destra **e sui social media**, Bowdich, il vicedirettore dell'agenzia, ha deciso di avere tre **squadre tattiche pronte allo schieramento**: una squadra SWAT a Washington, una squadra SWAT con sede a Baltimora posizionata appena fuori dal distretto e una squadra a breve distanza in auto.

Quel giorno sono tutti al Campidoglio, ma sono **squadre piccole** e specializzate, **non** il tipo di **manodopera schiacciante necessaria per invertire le sorti di una rivolta.**

Il massimo funzionario delle forze dell'ordine del governo federale, il procuratore generale ad interim **Jeffrey Rosen**, è solo nel suo ufficio. Ha dato a gran parte del suo personale il permesso di lavorare da casa, partendo dal presupposto che la chiusura delle strade, il raduno e la preoccupazione generale per possibili disordini avrebbero potuto rendere difficile raggiungere il centro, oltre alle preoccupazioni preesistenti del coronavirus. Ma ora, con l'inizio dell'assedio, Rosen si destreggia tra un assalto di telefonate, saltellando avanti e indietro tra il telefono della scrivania in una mano e il cellulare nell'altra.

Pelosi e il leader della minoranza al Senato Charles E. Schumer (D-N.Y.) chiamano Rosen dalla loro posizione per chiedergli di **inviare urgentemente rinforzi** al Campidoglio. Rosen li assicura che ha già ordinato a qualsiasi agente federale nelle vicinanze di arrivare sul posto.

"Chiama il presidente!" grida Schumer a Rosen. "Digli di richiamare la sua gente! Digli di twittare che devono smetterla!"

Rosen – che pochi giorni prima è sopravvissuto a malapena a un tentativo di Trump di licenziarlo e sostituirlo con un lealista disposto a riecheggiare le affermazioni del presidente sulla frode elettorale – considera **impraticabile il suggerimento di Schumer.** Quel giorno Rosen parla con alti funzionari della Casa Bianca, incluso l'avvocato

Pat Cipollone, ma mai con il presidente.

Frustrati da quella che ritengono sia la risposta vacua di Rosen alla loro richiesta, **Schumer e Pelosi** pubblicano una **dichiarazione congiunta esortando Trump a richiamare i manifestanti**[8].

Alle 14:52 le **prime squadre SWAT dell'FBI arrivano** al Campidoglio. In totale, 520 agenti federali di più agenzie rispondono a una chiamata urgente di aiuto in Campidoglio dal Dipartimento di Giustizia.

Sempre intorno alle 15:00, **Paul Hodgkins**, operaio 38enne di Tampa andato a Washington per mostrare il suo sostegno a Trump, **si fa strada in** quella che alla fine comprende essere l'aula del **Senato**. La **polizia ha chiuso a chiave le porte**, ma ne ha **erroneamente lasciata aperta una** nella galleria, in cui alcuni rivoltosi riescono ad entrare.

La camera sembra più piccola nella vita reale di quanto non fosse in televisione. All'interno ci sono circa **una ventina di sostenitori di Trump**. "Ragazzi, per favore non distruggete nulla qui", dice Hodgkins ai suoi compatrioti.

Hodgkins cammina tra i banchi del piano del Senato e **scatta un selfie** per documentare la sua presenza in quello che sembra un momento irripetibile. "Sembrava una specie di sogno", ha ricordato successivamente in un'intervista al Washington Post[9].

"Diciamo tutti una preghiera in questo posto sacro", dichiara lo *Sciamano QAnon* a torso nudo e con il viso dipinto, così si fa chiamare **Jacob Anthony Chansley**, in piedi dietro la scrivania dove fino a poco prima era seduto Mike Pence. Parla brandendo un **megafono** mentre molti altri uomini chinano il capo.

"Grazie, padre celeste, per averci concesso questa opportunità. ... Grazie, Padre celeste, per questa opportunità di difendere i nostri diritti inalienabili dati da Dio. ...Grazie per aver riempito questa

[8] https://www.democrats.senate.gov/newsroom/press-releases/joint-statement-from-leader-schumer-and-speaker-pelosi
[9] https://www.washingtonpost.com/politics/interactive/2021/fallout-jan-6-insurrection/

stanza di patrioti che ti amano e che amano Cristo."

Hodgkins si batte due volte il petto con la mano destra, mentre con la sinistra regge la bandiera. Lo solleva in segno di saluto quando la preghiera termina e il gruppo si unisce in un "Amen!"[10]

WHAT ABOUT TRUMP?

In questi momenti così concitati diversi membri repubblicani del Congresso cercano di mettersi in contatto con Trump nella speranza di **persuadere il presidente** a dire ai suoi sostenitori di tornare a casa. Lo staff della Casa Bianca riceve chiamate da dozzine di legislatori alla disperata ricerca di Trump affinché la folla se ne vada.

Trump, però, **non fa nulla**. Tanti suoi collaboratori provano a dirgli di fare qualcosa, ma nessuno riesce nell'intento. Anche l'ex governatore del New Jersey **Chris Christie**, amico e consigliere di lunga data di Trump, prova a parlarci, ma non riesce. Cerca, quindi, di consegnargli un **messaggio attraverso la televisione** chiamando la trasmissione in diretta di George Stephanopoulos su ABC. Altri due alti funzionari della Casa Bianca recentemente deceduti, l'ex consigliere senior Kellyanne Conway e l'ex direttrice della comunicazione Alyssa Farah, inviano dei **messaggi a Trump tramite intermediari**.

Dal momento che i rivoltosi violano le barricate di sicurezza fuori dal Campidoglio, alcuni dei consiglieri più fidati del presidente, tra cui **sua figlia e Meadows**, cercano di chiedergli di dire ai suoi sostenitori di fermarsi.

Donald J. Trump
@realDonaldTrump

Please support our Capitol Police and Law Enforcement. They are

---

[10] Questa scena è stata ripresa in video da Luke Mogelson, uno scrittore collaboratore del New Yorker

truly on the side of our Country. Stay peaceful![11]
    Jan. 6, 2:38 p.m.

Alle 15:13 Trump twitta un nuovo messaggio, ma non è sufficiente a risolvere la situazione:

Donald J. Trump
@realDonaldTrump

I am asking for everyone at the U.S. Capitol to remain peaceful. No violence! Remember, WE are the Party of Law & Order – respect the Law and our great men and women in Blue. Thank you![12]
    Jan. 6, 3:13 p.m.

Ivanka Trump ritwitta il messaggio di suo padre alle 15:15 e si rivolge ai rivoltosi chiamandoli **"patrioti americani"**. Cancella, però, il suo tweet pochi minuti dopo aver ricevuto pesanti critiche.

Ivanka Trump
@IvankaTrump

American Patriots - any security breach or disrespect to our law enforcement is unacceptable.
The violence must stop immediately. Please be peaceful.[13]
    Jan. 6, 3:15 p.m.

---

[11] "Per favore, date sostegno alla Polizia del Campidoglio e alle forze dell'ordine. Sono veramente dalla parte del nostro Paese. State tranquilli!"

[12] "Chiedo a tutti al Campidoglio degli Stati Uniti di rimanere pacifici. Nessuna violenza! Ricordatevi, NOI siamo il Partito della Legge e dell'Ordine: rispettate la Legge e i nostri grandi uomini e donne in divisa. Grazie!"

[13] Patrioti americani: qualsiasi violazione della sicurezza o mancanza di rispetto per le nostre forze dell'ordine è inaccettabile. La violenza deve cessare immediatamente. State calmi.

Trump **non appare in video**, non chiede (ancora) ai suoi sostenitori di smettere. Alle **16:05**, però, **parla** il Presidente Eletto Joe **Biden**, in diretta televisiva da Wilmington, Delaware.

In questo momento la nostra democrazia è sotto un attacco mai visto prima. Ma voglio essere chiaro: le scene di caos a Capitol Hill non rappresentano la vera America, non rappresentano chi siamo. E chiedo al Presidente Trump di parlare in televisione, nel rispetto del suo giuramento, per difendere la Costituzione e chiedere la fine di questi disordini.

Pochi minuti dopo, alle **16.17**, Donald **Trump** pubblica un **videomessaggio** su Twitter, un breve discorso che il Presidente ha già registrato nel Rose Garden prima del discorso di Biden. **Parole ambigue**, con cui sottolinea nuovamente i **brogli elettorali**. Dice inoltre ai suoi sostenitori di "andare a casa", aggiungendo "vi amiamo. Siete molto **speciali**."

Subito dopo che il video di Trump viene trasmesso in televisione, intorno alle **16:27** un **gruppo di rivoltosi attacca** la polizia di guardia all'interno della West Terrace del Campidoglio. A poco a poco, però, gli agenti di polizia del Campidoglio riescono a contenere la violenza e a controllare gli insorti.

Pence rimane al sicuro nel suo nascondiglio sotterraneo e resta deciso a far passare la certificazione dei risultati elettorali non appena il Campidoglio viene sgomberato e il Congresso può essere riconvocato.

Pence non ha mai parlato con Trump quel giorno

Alle 16:32 l'esercito riceve l'approvazione dal segretario ad interim della difesa a **schierare la Guardia Nazionale in Campidoglio**, più di due ore dopo da quando sono state fatte le richieste iniziali.

Alle 17:40 circa 150 membri della Guardia Nazionale DC iniziano le operazioni di supporto.

Alle **18:00 inizia il coprifuoco** in tutta la città, anche se le schermaglie tra la polizia e i rivoltosi continuano nei pressi del

Campidoglio. Trump, nel frattempo, twitta alle 18:01:

Donald J. Trump
@realDonaldTrump

These are the things and events that happen when a sacred landslide election victory is so unceremoniously & viciously stripped away from great patriots who have been badly & unfairly treated for so long. Go home with love & in peace. Remember this day forever![14]
Jan. 6, 6:01 p.m.

Alle 18:14 la polizia e le truppe della Guardia Nazionale riescono a **stabilire un perimetro di sicurezza** intorno al lato ovest del Campidoglio e alle 19:00 gli agenti dell'FBI e dell'ATF completano la loro **perlustrazione** del Campidoglio, andando di stanza in stanza alla ricerca di rivoltosi, armi o altre minacce alla sicurezza.

Visibilmente emozionato per il trauma della giornata, **Pence riunisce il Senato** e la seduta riprende alle 20:06. Nonostante i disordini della giornata, la **pressione** su Pence **non diminuisce**. Eastman, avvocato vicino a Trump, invia un'e-mail a Jacob, avvocato di Pence, intorno alle 21:00 per cercare di **convincere il vicepresidente a non certificare i risultati elettorali.**

187 MINUTI CHE HANNO CAMBIATO LA STORIA

Il presidente Donald **Trump** è appena tornato alla Casa Bianca dal suo raduno all'Ellipse quando si ritira nella sua sala da pranzo privata appena fuori dallo Studio Ovale, accende l'enorme **televisore** a schermo piatto e **assiste allo spettacolo**. All'altra estremità di Pennsylvania Avenue, migliaia di suoi sostenitori indossano i suoi

[14] "Queste sono le cose e gli eventi che accadono quando una sacra vittoria elettorale, così schiacciante, viene strappata senza motivo e da parte di grandi patrioti che sono stati trattati male e ingiustamente per così tanto tempo. Tornate a casa in pace. Ricordate questo giorno per sempre!"

cappelli rossi con la scritta "Make America Great Again", sventolando le sue bandiere blu e urlando il suo nome.

La copertura delle **notizie televisive in diretta** ha **mostrato l'orrore** accelerare minuto dopo minuto dopo le 13:10, quando Trump ha invitato i suoi seguaci a marciare sul Campidoglio degli Stati Uniti. I sostenitori di Trump hanno **abbattuto le barricate di sicurezza**, hanno **picchiato la polizia**, hanno **scalato pareti di granito** e poi hanno **sfondato porte e finestre entrando** nell'edificio che è **sede della democrazia americana**.

Il **Campidoglio** era **sotto assedio** e il **Presidente, incollato alla televisione**, non ha fatto nulla. Per 187 minuti Trump ha resistito alle suppliche di intervento di consiglieri, alleati e di sua figlia maggiore, nonché dei legislatori sotto attacco. Nonostante la violenza al Campidoglio si fosse intensificata, nonostante il vicepresidente Mike Pence, la sua famiglia e centinaia di membri del Congresso e il loro staff si fossero nascosti per proteggersi, nonostante le prime due persone fossero morte e decine di altre sono aggredite, **Trump si è rifiutato per più di tre ore** di dire ai rinnegati che si ribellavano in suo nome di dimettersi e tornare a casa.

Durante i 187 minuti in cui Trump **è rimasto a guardare**, si sono viste scene strazianti di violenza dentro e intorno al Campidoglio. Venticinque minuti dopo il silenzio di Trump, un **giornalista** è stato **trascinato giù da una rampa di scale e gettato** oltre un muro. Cinquantadue minuti dopo, un **agente di polizia** è stato **preso a calci nel petto** e circondato da una folla. Entro la prima ora, due rivoltosi sono morti. Sessantaquattro minuti dopo, un rivoltoso ha portato una bandiera di battaglia confederata in Campidoglio. Settantatré minuti dopo, a un altro **agente di polizia** è stato **spruzzato in faccia uno spray** con delle sostanze chimiche. Settantotto minuti dopo, un altro ufficiale di polizia è stato **aggredito** con l'asta di una bandiera. Dopo ottantatré minuti, i rivoltosi hanno fatto irruzione e hanno iniziato a **saccheggiare l'ufficio del presidente della Camera**. Dopo novantatré minuti, un altro fotografo di cronaca è stato circondato, **spinto a terra e derubato** di una macchina fotografica. Novantaquattro minuti dopo, un **manifestante è stato ucciso**. Centodue minuti dopo, i rivoltosi hanno preso d'assalto l'aula del Senato, rubando documenti e posando per fotografie intorno al palco. Dopo centosedici minuti, un quarto agente di polizia è stato picchiato con il suo stesso manganello.

187 minuti è il periodo di tempo compreso tra le 13:10, quando Trump ha invitato i suoi seguaci a marciare sul Campidoglio, e le 16:17, quando ha pubblicato un video in cui diceva loro di tornare a casa.

È un Donald Trump che **non ammette di aver perso**, che non concede la vittoria, che **non riconosce che i suoi sostenitori hanno colpito il Congresso degli Stati Uniti**. Donald Trump è sempre di più *unstoppable*.

RACCONTARE: PER COMPRENDERE E NON DIMENTICARE

Seppur non fisicamente sul posto ma a migliaia di chilometri di distanza, **ho vissuto direttamente tutti i dettagli** che ho raccontato in questo capitolo.

Alle 21.00 in Italia, le 15.00 nella Capitale statunitense, quando lo Sciamano QAnon fa una preghiera all'interno del Congresso, **sono in diretta televisiva**. Cerco di raccontare quanto più possibile nel dettaglio quello che sta accadendo, dando dettagli sui protagonisti, cercando di **guardare anche alle conseguenze** di quanto sta succedendo.

Davanti a me ho i **ricordi di mesi trascorsi in quei palazzi**, alla ricerca di tutti i dettagli della politica americana. Mi dico: sii chiara, spiega a chi non sa chi sono i repubblicani e i trumpiani, analizza ogni singola parola e gesto, contestualizza ciò che vedi. Ricorda ciò che hai studiato. Spiega in quale zona della città si trova Capitol Hill, a quanto dista dalla Casa Bianca, dai nel dettaglio la geografia di Washington, D.C. E poi: cosa succederà al Partito Repubblicano dopo il 6 gennaio 2021?

Mi viene in mente un articolo su Liz Cheney, figlia dell'ex vicepresidente repubblicano Dick, che ho conosciuto nel marzo 2005 ad una cena all'Hilton di Washington, D.C: era l'Annual Dinner dell'American Enterprise Institute, dove stavo svolgendo uno stage, e dove lavoravano tutte le menti neocon parte del secondo mandato Bush-Cheney. Ricordo benissimo il suo volto, ma non sono riuscita a parlarci. Liz Cheney, nello sguardo e nelle azioni, mi ricorda molto suo padre. E negli attimi in cui cerco di raccontare cosa sta accadendo nella capitale mi vengono in mente tantissime cose che avevo letto su di lei, le critiche a Trump, il suo futuro all'interno del Partito Repubblicano.

Non voglio dilungarmi e dire nel dettaglio cosa ho detto in diretta televisiva quella sera, ma posso dire che se alcune cose non le hai vissute in prima persona, se non conosci una città bene e non continui a documentarti, è impossibile dare delle informazioni chiare e **mettere ordine nel disordine** di dettagli che continuano ad arrivare in redazione.

Prima di parlare di America e cultura americana bisogna **conoscere a fondo gli Stati Uniti**. E continuare a farlo, giorno dopo giorno.

Capitolo III

INAUGURATION DAY

6 gennaio 2021, dal MAGA Rally all'assalto al Congresso americano

CAPITOLO III

UNSTOPPABLE

"WE WILL BE BACK IN SOME FORM"

Salutando le persone presenti alla Casa Bianca il **20 gennaio 2021**, quando Donald e Melania Trump lasciano la residenza presidenziale per **tornare in Florida**, al termine del mandato, il Tycoon pronuncia queste parole: "We will be back in some form", ovvero "in qualche modo **torneremo.**"

E ci rivedrete, fa intendere The Donald.

Tutte le televisioni immortalano quel momento: l'ex presidente è **visibilmente infastidito**, mentre Melania, accanto a lui in ogni momento della presidenza, nella sua innata eleganza non fa trasparire alcuna emozione. La direzione è la residenza di Mar-a-Lago a Palm Beach, nel Sunshine State, dove Trump ha una villa e dove conta di trascorrere i mesi successivi all'addio della Casa Bianca.

Ma non alla politica.

Sì, perché Donald Trump, nonostante un periodo iniziale in cui non rilascia interviste, parla pochissimo con i suoi collaboratori e non fa trapelare alcun dettaglio sul suo futuro, ma **continua** imperterrito il suo **percorso politico**. Non ha affatto intenzione di abbandonare i suoi sostenitori che, proprio dalla Florida, vogliono ripartire costruendo un **movimento politico più forte**, anche se nessuno il 20 gennaio 2021 vuole dire che Trump è pronto a partire da zero per **tornare**, e vincere, **nel 2024**. Eppure l'idea è già chiara a lui e a tutti i suoi collaboratori: dopo un primo processo di impeachment nel 2019 (da cui è stato assolto), i fatti del 6 gennaio (che l'hanno condannato e hanno causato il blocco a tempo indeterminato del suo account Twitter), un secondo impeachment da gestire, Trump **deve** iniziare a **stare un po' in silenzio** per ricostruire, proprio nel silenzio, il suo sistema.

Donald Trump è *unstoppable*, inarrestabile. Nulla lo può fermare. E lui non *vuole* fermarsi. Neanche davanti ai risultati delle elezioni, che non smette di contestare. Quel "we will be in some form" pronunciato a gennaio 2021 non è una minaccia, bensì un sinonimo di essere inarrestabile: neanche di fronte all'ostilità delle situazioni Trump abdica o abbandona la nave, anche se questa sta affondando. Ma attenzione: solo apparentemente.

Accanto a lui, sempre e comunque, l'amatissima **figlia Ivanka** e il marito **Jared Kushner**, suoi consiglieri speciali durante il mandato alla Casa Bianca, che non lo abbandonano neanche alla fine dei quattro anni di presidenza. Ivanka e Jared, infatti, per stare accanto al Tycoon, si trasferiscono in Florida.

Per ricominciare, da qui, **per tornare** a Washington, D.C.

WHEN THE GOING GETS TOUGH

Nel 1985 una canzone di Billie Ocean, dal titolo "When the going gets tough, the tough get going", sbaraglia ogni classifica in tutto il mondo. Una melodia che racconta di come, in situazioni difficili, chi ha un forte carattere diventa ancora più determinato e affronta tutte le difficoltà con uno spirito diverso. Una canzone che non è mai stata la colonna sonora di comizi o incontri pubblici di Donald Trump, ma forse descrive al meglio il carattere e la volontà del Tycoon.

Analizziamo i fatti: dal 6 gennaio, giorno dell'assalto al Congresso, per Trump i **segnali di débâcle** sono **evidenti**. Nella notte tra il 7 e l'8 gennaio 2021 **Twitter sospende l'account @realDonaldTrump** a tempo indeterminato, fermando così la diffusione dei messaggi del Tycoon. Prima di essere rimosso, l'account personale di Donald Trump ha circa 88 milioni di follower ed è lo **strumento principale** attraverso cui il presidente **comunica con il pubblico** e i suoi elettori più fedeli.

Un elemento da sottolineare è che The Donald, nel periodo della sua presidenza, **non utilizza mai l'account Twitter presidenziale** per scrivere messaggi, il massimo dell'azione che intraprende è retwittare dei messaggi scritti nel profilo personale.

Da molti messaggi al giorno a zero, in cui Trump non comunica più tramite le piattaforme social. Alla **sospensione** a tempo indeterminato di Twitter seguono, in breve tempo, quelle di **Facebook** e **YouTube**.

Anche se il Tycoon può comunicare attraverso un social conservatore, Parler, si rende conto che non è sufficiente e **inizia a pensare ad una piattaforma social tutta sua**, che vede la luce, però, quasi un anno dopo. Il nome? **Truth**, verità, per cui alcuni investitori istituzionali hanno già versato un miliardo di dollari[15].

Nonostante, quindi, i momenti di evidente difficoltà, Trump sembra **voler ripartire dalla base**, ossia riunire i collaboratori più stretti e i suoi elettori, a cui continua a dire di essere stato derubato della vittoria alle elezioni.

---

[15] https://www.tmtgcorp.com/

BACK TO THE ROOTS

Donald Trump è il **primo presidente in 152 anni a non partecipare alla cerimonia di insediamento del suo successore.** Prima di lui, John Adams nel 1811, John Quincy Adams nel 1829, Andrew Johnson nel 1869 e Nixon, che rassegnò le dimissioni nel 1974, prima che Gerald Ford giurasse alla Casa Bianca. Nel momento più basso della presidenza Trump, i suoi sostenitori continuano, però, a sostenerlo. E vogliono che si ricandidi.

Nonostante l'ormai ex presidente abbia incitato i suoi sostenitori ad entrare illegalmente al Congresso il 6 gennaio, sono **decine di migliaia** gli elettori che gli sono **rimasti fedeli.** Gli autori dell'assalto, tra cui anche molti suprematisti bianchi, non sono che **una piccola parte** dei 74 milioni di persone che hanno votato per il Tycoon nel 2020 e nel 2016. **Continuano a credere in lui** e nelle sue capacità nonostante il secondo processo di impeachment. Lo descrivono usando **termini reverenziali**, definendolo "l'unico presidente che è riuscito a dare sostegno ai lavoratori e non all'*élite*"[16]. Sono convinti che Trump abbia vinto le elezioni di novembre, un pensiero che è stato ripetuto dal Commander-in-Chief uscente. E, guardando i risultati – positivi – dell'economia statunitense pre-Covid, sono certi che The Donald meriti un secondo mandato, anche se questo significa candidarsi e vincere le prossime elezioni. Molti di questi sostenitori pensano che la decisione di ritirare il Paese dagli accordi sul clima di Parigi sia stata giusta, come del resto il pieno sostegno dato a Israele. E **non intendono cambiare posizione.**

Donald **Trump** boicotta la cerimonia di insediamento di Joe Biden di mercoledì 20 gennaio, ma **lascia il suo incarico sapendo che un terzo degli americani approvano** quanto fatto durante il suo mandato. E che vogliono si ricandidi presto. Sostenitori che nei prossimi quattro anni non si sentiranno rappresentati dal Presidente Joe Biden che, però, vuole provare a riunire il Paese. Ecco perché

---

[16] https://www.politico.com/news/2020/12/18/trump-insurrection-act-presidency-447986

Donald Trump non vuole fermarsi e **riparte**, pochi giorni dopo l'insediamento di Biden, **da un nuovo ufficio, in Florida.**

The Office of the Former President

Tutti sapevano che Trump, da ex presidente, non si sarebbe dedicato soltanto al golf, ma che, in qualche modo, nonostante il blocco dei social, **avrebbe fatto parlare di sé.** Ebbene, Donald Trump, seppur ancora all'inizio di questo suo nuovo percorso in Florida, **raggiunge un primo obiettivo**, ossia avere gli **occhi della stampa nuovamente puntati addosso** quando crea "l'ufficio dell'ex Presidente" con sede a Palm Beach, nel Sunshine State, dove tanti suoi ex collaboratori, finanziatori e sostenitori si stanno spostando.

La decisione di posizionarlo in **Florida** è strategica non solo per la creazione del futuro di Trump, che parte dal luogo che ormai è casa, ma anche perché lo stato della Florida ha un sistema di tassazione estremamente vantaggioso rispetto allo stato di New York o alla California e, come se non bastasse, il clima è estremamente piacevole. Donald Trump dall'arrivo nella sua residenza a Mar-a-Lago non fa dichiarazioni pubbliche, ma si limita ad una brevissima chiacchierata con un giornalista al suo golf club senza specificare quali saranno i suoi piani futuri.

Un nuovo ufficio. Ma chi lo sostiene economicamente?

Tutti gli ex presidenti ricevono un compenso stabilito ai sensi del *Presidential Transition Act*. Il **denaro**, che di fatto è una pensione, viene **ricevuto dal presidente un mese prima di lasciare l'incarico** e per i sette successivi al termine dell'attività. Denaro **sufficiente per creare e gestire un nuovo ufficio.** Dopodiché, entra in vigore il *Former Presidents Act* per 30 mesi, che stabilisce che questo denaro contribuisce al finanziamento del personale che, **su base annuale, non può superare i 150.000 dollari**. Gli ex presidenti hanno ovviamente la **possibilità di integrare** questa retribuzione per il personale **con denaro privato**.

E poi c'è anche una **pensione vitalizia**, che per Trump è fissata intorno a 219.000 dollari l'anno. Dato che ha donato il suo stipendio durante il suo mandato, il Tycoon potrebbe, però, scegliere di non beneficiare di questa opportunità. Gli ex presidenti Barack Obama, George W. Bush, Bill Clinton e Jimmy Carter hanno tutti istituito uffici o fondazioni da quando hanno lasciato il loro incarico presidenziale.

Secondi i dati relativi al 2018, l'amministrazione dei servizi generali degli Stati Uniti ha speso 4,75 milioni di dollari per le spese degli ex presidenti. Donald **Trump** può aver **aperto** questo suo **nuovo ufficio grazie al contributo stabilito per gli ex presidenti, ma anche** grazie a **contributi di privati** cittadini che, insieme alle firme conservatrici dei media e i gruppi di attivisti che promuovono il movimento "Make America Great Again" vogliono **creare** nel Sunshine State **il prossimo *Trumpy hub***.

Attratti da un sistema fiscale molto favorevole e dall'attuale leadership repubblicana, molti sostenitori del 45° presidente degli Stati Uniti si sono trasferiti in Florida. E molti altri lo faranno.

Un ufficio, quello creato da Trump, da cui osservare gli esiti del (secondo) processo di impeachment dello stesso Donald Trump.

IMPEACHMENT, UN PROCESSO IMPORTANTE PER IL FUTURO DI TRUMP E DEL PARTITO REPUBBLICANO

Diciassette è il *magic number*: nessun riferimento ai risultati elettorali, bensì al **numero di repubblicani** di cui hanno bisogno i democratici **per condannare Donald Trump** nel suo secondo processo di impeachment. Una richiesta che probabilmente non troverà alcun riscontro e tutto si concluderà con un nulla di fatto. Ma anche se il risultato è pressoché predeterminato, entrambe le parti faranno del loro meglio per utilizzare il processo come un'opportunità per nuove narrazioni politiche. Democratici e Repubblicani, infatti, **sperano** che questi scenari possano avere un'**influenza sulle *midterm elections* del 2022** e, forse, anche le prossime elezioni del 2024.

"LESSON LEARNED"

La chiamano "lesson learned" ed è l'elemento su cui si basa la **strategia dei democratici** per affrontare il secondo **processo di impeachment** a cui è sottoposto Donald Trump. Quando Adam B. Schiff, democratico della California, si preparava a perseguire il Tycoon per la prima volta per una campagna di pressione sull'Ucraina, si era concentrato sulla lettura record di 605 pagine della copertina del processo di impeachment del presidente Bill Clinton risalente al 1999. Una strategia quella, che però non si era rivelata di successo. Ecco perché in questa **seconda occasione** tutto è **più semplice** e snello: i pubblici ministeri fanno una **presentazione** più breve e soprattutto **ricca di video**, con l'obiettivo di ricreare, per quanto possibile, la **furia dell'assalto** di quell'indelebile **6 gennaio** e farlo "rivivere" a chi, quel giorno, l'ha visto da vicino. E soprattutto, gli argomenti di discussione e accusa sono brevi, per evitare che la giuria perda l'attenzione.

LA DIFESA DEGLI AVVOCATI

Una **difesa** in gran parte **tecnica,** sostenendo che il Senato "non ha giurisdizione" per giudicare un ex presidente dopo che ha lasciato l'incarico perché la Costituzione non lo dice esplicitamente. La sceneggiatura post-processo è già scritta per Trump e i suoi sostenitori. Suona molto come il copione utilizzato dopo essere stato assolto nel primo processo di impeachment. "Abbiamo attraversato l'inferno, ingiustamente. Non ho fatto niente di male... Erano tutte sciocchezze"[17] è diventato un mantra popolare all'interno del GOP, insieme al **puntare il dito** continuamente contro i democratici, i media, la "grande tecnologia" e lo "stato profondo" per aver cercato di "mettere a tacere" Trump e altri repubblicani.

9 FEBBRAIO 2021: INIZIA IL SECONDO PROCESSO DI IMPEACHMENT PER DONALD TRUMP

Partiamo con il voto sulle regole da seguire nel processo, già concordate dai leader di maggioranza e minoranza, rispettivamente il democratico Chuck Schumer e il repubblicano Mitch McConnell. È un voto che **vede undici senatori repubblicani schierarsi contro** l'adozione delle regole, compreso il texano Ted Cruz. Regole approvate con 89 sì e 11 no.

Poi è la volta delle **immagini dell'attacco al Congresso** e del **discorso di** Donald **Trump** dalla Casa Bianca, **due ore dopo i fatti**, in cui l'ex presidente continua a parlare di elezioni fraudolente ma chiede ai suoi sostenitori di andare a casa. Un video lungo tredici minuti a cui seguono, però, le parole dell'accusa, che hanno il volto di Jamie B. Raskin: *That's a high crime and misdemeanor - If that's not an impeachable offense, then there's no such thing.*"[18] Ovvero: il caso di impeachment contro Donald Trump si basa su fatti concreti. Parole forti, di **condanna nei confronti** dei fatti ma soprattutto **dell'ex presidente, che non sarà mai in aula** e non testimonierà al processo, come invece gli è stato chiesto dall'accusa.

Quasi tutti gli sguardi dei senatori presenti in aula si fermano davanti alle immagini dell'assalto al Congresso. Quasi tutti. **Alcuni rappresentanti del Partito Repubblicano scuotono la testa**

[17] https://www.npr.org/sections/trump-impeachment-trial-live-updates/2021/02/13/967700796/trump-celebrates-his-acquittal-says-the-impeachment-was-part-of-a-witch-hunt

[18] Questo è un crimine elevato e un reato minore - Se questo non è un reato irreprensibile, allora non esiste una cosa del genere

rivedendo le immagini e sentendo *"I love you, you're special"*, le parole verso i manifestanti pronunciate proprio da Donald Trump, quel giorno. **Altri**, invece, **preferiscono non prestare molta attenzione** a quei tredici minuti di immagini, come **Rand Paul**, che non appena inizia il video, si mette a scrivere su un blocchetto di carta. Dietro di lui c'è **Rick Scott**: all'inizio uno sguardo veloce lanciato a uno schermo sulla sua destra, poi si concentra su altro. **Tom Cotton** e **Marco Rubio** si dedicano, invece, alla lettura di alcuni documenti, ma non alle immagini dei *rioters*.

Su quale aspetto si concentrano gli avvocati del Tycoon

"Incostituzionalità del processo, da tenersi soltanto quando un funzionario è in carica": su questo elemento si basa la difesa di **Bruce L. Castor Jr.** e **David Schoen**, due degli **avvocati** che danno copertura legale a Donald Trump. **In sostanza, il 45° presidente degli Stati Uniti ha già terminato il suo incarico e un processo contro di lui avviato ora è totalmente non conforme alla Costituzione.** La difesa, però, si concentra anche sull'importanza della libertà di parola, perché *"non si può pensare che in questo Paese si punisca una persona per un discorso politico."*[19]

In un discorso di quarantotto minuti, Bruce **Castor Jr**, oltre a sostenere che Trump non dovrebbe essere punito per un discorso politico, **elogia i senatori** e, nello stesso tempo dice che "he was removed by the voters", cioè **ammette che Trump ha perso le elezioni.** Una mossa che fa parte della **strategia difensiva**, ma che **The Donald non gradisce.** Secondo alcuni, nel momento in cui l'avvocato pronuncia quelle parole, Trump urla il suo disappunto davanti al televisore. *Not a nice move, Bruce.*

Dopo il discorso di Castor entra in scena David **Schoen**, un altro

---

[19] https://www.nytimes.com/interactive/2021/02/08/us/trump-defense-impeachment-trial.html

avvocato del team Trump. Nel suo discorso, dai **toni molto aggressivi**, **accusa i manager dell'impeachment** di usare "una partigianeria pura, cruda e fuorviante" per dividere ulteriormente gli Stati Uniti. **"Questo processo farà a pezzi questo paese, forse come abbiamo visto solo una volta nella nostra storia"**, dice Schoen, alludendo alla guerra civile. Il legale, spiegando i temi di difesa, **alza spesso la voce.** La sua argomentazione, in un certo senso, è una ripetizione più rabbiosa di quella che molti membri repubblicani del Congresso avevano usato pubblicamente per settimane.

NONOSTANTE LA DIFESA, IL SENATO VOTA: IL PROCESSO VA AVANTI

Seppur **diviso**, il **Senato** dà la sua prima **sentenza: il processo di impeachment contro Trump va avanti, non è incostituzionale.**

La **maggior parte dei repubblicani si schiera con Trump** e il suo team legale, secondo cui il Senato non può condannare una persona che non è più in carica. Uno degli avvocati della squadra legale di Trump è **Michael T. Van der Veen, che l'anno prima aveva intentato una causa contro il presidente Donald Trump** accusando frodi del voto per corrispondenza "nonostante non avesse prove a sostegno di queste affermazioni"[20]. Ma oggi la sua **posizione** è **completamente diversa. Van der Veen difende un cliente a cui, pochissimo tempo prima, ha fatto causa.**

Nei giorni successivi accusa e difesa hanno sedici ore a disposizione per esporre le loro tesi, ma è possibile che la difesa non usi tutte quelle ore e che il processo si concluda sabato. **L'obiettivo è fare in fretta, chiudere al più presto questo capitolo,** soprattutto se da entrambe le parti non ci sono testimoni. Procedere rapidamente è un'**esigenza sentita anche da molti democratici e dalla stessa Casa Bianca.** Questo **processo**, infatti, è visto come un ostacolo che **rallenta**

---

[20] https://www.nytimes.com/interactive/2021/02/08/us/trump-defense-impeachment-trial.html

l'attuazione delle priorità dell'**agenda Biden**, quella dei primi cento giorni del suo esecutivo.

Per condannare l'ex presidente almeno 17 senatori repubblicani dovrebbero votare insieme ai 50 senatori democratici. Donald Trump, però, sembra dormire sonni tranquilli. Il 26 gennaio, infatti, **45 repubblicani su 50 votano contro** l'impeachment, ritenendolo incostituzionale. Numeri che, usando le sue stesse parole, gli permettono di *dedicarsi alle partite di golf, senza problemi.*

Sono, invece, **sotto pressione i cinque senatori** che a fine gennaio hanno votato contro Trump permettendo il secondo impeachment, tra questi anche l'ex candidato presidenziale **Mitt Romney**. Secondo alcuni affidabili *rumors*, **il Tycoon sembra pronto a fargliela pagare non appena uscirà indenne dal processo.** Una **vittoria**, quella **di Trump**, che **potrebbe rafforzare** la sua posizione all'interno del GOP e farlo riflettere seriamente su una sua possibile **candidatura alle presidenziali del 2024.**

IMPEACHMENT, SECONDO GIORNO. L'ACCUSA: L'ASSALTO AL CONGRESSO SI POTEVA PREVEDERE

"Questo non è un processo di parte, è un momento di verità per il Paese" parola del deputato dem Jamie Raskin, alla guida del team dell'accusa, aprendo il secondo giorno del processo di impeachment contro Donald Trump. Dopo il via libera di martedì sulla costituzionalità del procedimento, l'accusa ha fino a sedici ore per presentare le sue argomentazioni. Una spicca su tutte: **l'assalto al Congresso si poteva prevedere**, Trump l'ha provocato a lungo con i suoi messaggi

L'accusa parte da questo assunto nel secondo giorno del processo di impeachment contro Donald Trump. Assalto che si sarebbe verificato in tre fasi: prima con la provocazione dell'ex presidente nei confronti dei suoi sostenitori, poi il via alle manifestazioni dato proprio da lui e, *last but not least*, il non fare nulla per bloccare i manifestanti.

Anche se non tutte verranno usate, nelle (prime) otto ore previste nella seconda giornata si discute l'efferatezza dei fatti di Washington, **mostrando** anche alcuni **video inediti**.

"He told them to fight like hell, and they brought us hell that day" [21] (*ha detto loro di combattere come pazzi, e ci hanno davvero portato all'inferno quel giorno*) dice **Jamie Raskin**, a capo del team dell'accusa per l'impeachment della Camera. "Questo processo non vuole dare la colpa ad uno spettatore innocente. Si tratta di dare la responsabilità a chi è l'autore (teorico) di questo attacco", aggiunge il dem, riferendosi a Trump come *istigatore in capo*, in grado di guardare i fatti in tv "come fosse un reality show, lodando i rivoltosi e simpatizzando con loro" [22].

Poi l'intervento di **Ted Lieu**, uno dei manager dell'impeachment che ritiene che Trump si sia rivolto a quella folla violenta perché "aveva terminato le opzioni non violente per mantenere il potere". "I suoi sforzi nei tribunali e i suoi minacciosi funzionari hanno fallito", aggiunge il dem. "Ha attaccato pubblicamente e privatamente i membri del suo stesso partito alla Camera e in questo Senato. Avrebbe pubblicamente messo alla gogna i senatori, mettendo i loro nomi anche sui social media [23]".

Stacey Plaskett, rappresentante dem per le Isole Vergini, non aveva potuto votare per l'impeachment di Donald Trump. Ora, come delegata e manager del processo di messa in stato di accusa del Tycoon, può presentare le sue tesi. **Istanze che si basano su un elemento, la violenza**, usata dall'ex presidente, non soltanto il 6 gennaio, ma per mesi e mesi. Trasmessa **attraverso dichiarazioni**, **tweet**, **messaggi**, tanto che i suoi sostenitori ritengono di aver soltanto fatto il loro dovere. *"Once assembled, that mob at the president's direction erupted*

[21] https://www.npr.org/2021/02/10/966396848/read-trumps-jan-6-speech-a-key-part-of-impeachment-trial

[22] https://www.npr.org/2021/02/10/966396848/read-trumps-jan-6-speech-a-key-part-of-impeachment-trial

[23] https://www.npr.org/2021/02/10/966396848/read-trumps-jan-6-speech-a-key-part-of-impeachment-trial

into the bloodiest attack on this capital since 1814."[24], ha detto Plaskett, definendo i fatti di gennaio l'attacco più feroce subìto dall'istituzione sin dal 1814.

E per sostenere ancor di più la tesi della violenza, Plaskett **mostra** alcuni **video, mai visti prima.** In uno di questi si nota chiaramente Mike Pence mentre viene scortato fuori dall'area. Poco dopo, i manifestanti iniziano a muoversi facilmente all'interno dell'edificio. Sempre in questo video si vede anche **l'agente Eugene Goodman che affronta i manifestanti, cercando di tenerli lontani da Pence e la sua famiglia** che, prima di riuscire a fuggire, si trova in una stanza poco lontana. **I manifestanti erano seriamente intenzionati ad uccidere Pence perché voleva certificare la vittoria di Biden.** In un altro contributo si vede Goodman parlare brevemente con Mitt Romney che, dopo poco, cambia direzione: il poliziotto lo esorta a prendere un'altra strada per non incontrare i manifestanti.

"Un gesto a dir poco eroico, ma c'è di più" ha sottolineato Stacey Plaskett. **"Il 6 gennaio Donald Trump non ha condannato neppure una volta l'attacco al Congresso e i manifestanti.** L'unica persona ad essere condannata? Mike Pence, il suo vicepresidente, che si stava nascondendo con la sua famiglia a Capitol Hill temendo per la sua vita, dopo che il presidente lo aveva accusato di non aver avuto il coraggio di cambiare i risultati delle elezioni"[25] Inizia con queste parole l'intervento del deputato dem **David Cicilline**, uno degli ultimi nella prima giornata dedicata alle istanze dell'accusa. **"Trump era contento per quanto stava accadendo.** Non ha ascoltato chi gli era accanto in quel momento, dai collaboratori, alla figlia Ivanka e al genero Jared Kushner, che gli chiedevano di intervenire per fermare l'assalto"[26] sottolinea nel suo intervento Cicilline. E dopo quasi otto ore, l'udienza si chiude.

---

[24] https://www.nytimes.com/live/2022/01/06/us/jan-6-capitol-riot

[25] https://cicilline.house.gov/press-release/cicilline-remarks-january-6th-commission

[26] https://cicilline.house.gov/press-release/cicilline-remarks-january-6th-commission

"Vendetta politica"

"**Il processo di impeachment contro Donald Trump è palesemente un atto di vendetta politica, incostituzionale e dividerà ancor di più gli Stati Uniti**"[27] così Michael Van der Veen, uno degli avvocati del Tycoon, apre il primo intervento difensivo della seconda giornata.

La difesa sostiene che il **comizio** di Trump durante la manifestazione "Stop the steal" **non era un appello alla violenza.** La principale tesi della difesa è che **quel comizio è comunque protetto dal Primo Emendamento della Costituzione sul** *freedom of speech*, la **libertà di parola**. E, sempre secondo gli avvocati difensori, i manager dell'impeachment, attraverso i video mostrati nella prima giornata dedicata all'accusa, hanno soltanto offerto un "pacchetto di intrattenimento" e non vere prove. Video, o meglio **montaggi**, che anche la **difesa ha mostrato**: in alcune clip si ascoltano alcuni esponenti dem, tra cui Joe Biden, Kamala Harris e Nancy Pelosi, utilizzare la parola "fight" (combattere) in modo molto aggressivo.

"Reportedly" non significa avere prove concrete

Reportedly stands for no evidence. David Schoen, nel suo intervento, racconta come i dem, nelle giornate precedenti, abbiano utilizzato spesso un avverbio, *reportedly*, che significa "stando a quel che si dice". Aver usato questa formula **non dà la certezza** che la loro tesi, secondo cui Donald Trump dovrebbe essere condannato dopo la messa in stato di accusa, sia sostenibile e corretta.

Insurrezione è un termine definito dalla legge. Implica la conquista di un paese, un governo ombra, il controllo delle emittenti televisive. È chiaro che questa definizione non si può associare ai fatti del 6

---

[27] https://www.inquirer.com/news/philadelphia/michael-van-der-veen-trump-phillydelphia-vandalism-20210213.html

gennaio. E, di conseguenza, Donald Trump non può essere accusato di incitamento all'insurrezione"[28].**Bruce Castor** è il terzo avvocato della difesa a scendere in campo con nuove **argomentazioni che**, ancora una volta, si **basano sul significato dei termini**. Una difesa meno aggressiva rispetto a David Schoen, ma non meno incisiva.

E, come annunciato, le otto ore a disposizione non sono state utilizzate tutte: la difesa ne ha utilizzate circa la metà, chiedendo, al termine di tutto, l'assoluzione di Donald Trump perché *non ha provocato l'assalto al Congresso*. Prossimo step: il dibattimento. Poi il verdetto finale.

IL VERDETTO FINALE

Assolto. **Donald Trump viene assolto**. A favore della condanna 57 voti, di cui 7 repubblicani. I no sono 43. Per condannarlo erano necessari 67 voti, ossia i due terzi dei 100 senatori. Poco dopo l'esito del processo, il Tycoon, attraverso un comunicato, dice che è finita una "caccia alle streghe", aggiungendo la volontà di "continuare a difendere la grandezza dell'America.[29]"

Subito dopo l'assoluzione Trump dichiara in una nota quanto segue.

Il nostro storico, patriottico, bellissimo movimento per Rendere l'America di nuovo Grande (Make America Great Again, MAGA) è solo all'inizio. Nei prossimi mesi avrò molto da condividere con voi e sono ansioso di proseguire insieme questo nostro incredibile viaggio per la grandezza dell'America e per tutta la nostra gente. Non c'è mai stato nulla di simile.

---

[28] https://www.newsweek.com/trump-impeachment-lawyer-david-schoen-thought-more-senators-would-vote-acquit-1569679

[29] https://www.npr.org/sections/trump-impeachment-trial-live-updates/2021/02/13/967700796/trump-celebrates-his-acquittal-says-the-impeachment-was-part-of-a-witch-hunt

Donald Trump is back, "deal with it"

Dopo l'assoluzione al processo di impeachment, Donald **Trump attende qualche giorno prima di ricomparire**, seppur soltanto in voce, in pubblico. L'ex presidente parla in occasione della scomparsa di Rush Limbaugh, voce storica conservatrice, nonché suo amico di lunga data, a cui nel 2020 aveva anche conferito la Presidential Medal of Freedom. "Una persona meravigliosa, ci mancherà" dice Trump prima a Fox News, poi a Newsmax, rete televisiva ultraconservatrice, creata da Christopher Ruddy. E proprio a Newsmax, il **Tycoon** ricorda **ancora una volta** che le **elezioni di novembre gli sono state rubate** e che sta riflettendo se candidarsi o meno alle prossime.

Dopo l'assoluzione e queste dichiarazioni, Trump interviene con un lungo discorso alla Conservative Political Action Conference a Orlando, nella sua amata Florida, il 28 febbraio. Un altro momento in cui non perde l'occasione di ricordare a tutti che avrebbe dovuto vincere le elezioni e che l'operato di Biden è pessimo. **Dall'assoluzione in poi**, per Donald Trump **ogni momento pubblico è essenziale per ricordare** a tutti che l'**esito di America 2020 è falsato**, non corrisponde alla realtà e che lui è l'unico presidente.

Non scioglie, ancora, le sue riserve su una possibile candidatura nel 2024, ma i suoi sostenitori sono pronti a supportarlo. Ed è questa la verità. Trump è inarrestabile, non viene fermato neanche dall'accusa di impeachment, *deal with it*, accettatelo, che vi piaccia o meno. Lo suggeriva anche la copertina di Time, dedicata a Trump e pubblicata nell'agosto 2015. Solo pochi mesi dopo il miliardario newyorkese avrebbe annunciato la sua candidatura alle elezioni per il Partito Repubblicano e, nel novembre 2016, riuscì a sconfiggere Hillary Clinton nell'Election Night. Perché in fondo Trump è così, *unstoppable*, nonostante tutto e tutti.

Donald Trump Giuilfoyle Trump (Ph. Twitter Donald Trump Jr)

Capitolo IV

THE ACTIVISTS

CAPITOLO IV

THE ACTIVISTS

Partiamo da un punto fondamentale: negli Stati Uniti molte persone che hanno l'età per votare non l'hanno mai fatto; non si sono mai registrate, non hanno mai scelto un candidato alla presidenza o votato alle elezioni di metà mandato. Mai. E non parliamo di persone che non vogliono farlo, ma di **persone impossibilitate a votare** perché parte di **comunità svantaggiate, deboli.**

Questo è un aspetto a cui Joe **Biden dedica molta attenzione** sin dall'inizio della sua presidenza e su cui ha rilanciato la campagna per le elezioni di metà mandato.

Ma forse tutto questo **non è sufficiente.**

In questo capitolo cercheremo di capire chi sono i veri **attivisti** negli Stati Uniti, ovvero le **figure influenti** del mondo dello sport, della musica e dell'entertainment, ma anche una ex First Lady amata, ovvero **Michelle Obama.**

Merita parlarne perché queste figure sanno come **arrivare in maniera più efficace alle persone**, non hanno paura di farlo e, ultimo ma non meno importante, **hanno basi economiche importanti** che glielo permettono. E, come ogni campagna elettorale che si rispetti, chi ha a disposizione più soldi spesso riesce ad arrivare più lontano.

Ma andiamo con ordine, o meglio, ripartiamo da Joe Biden in visita ad Atlanta, dove prova a dare un nuovo inizio alla sua campagna elettorale, in vista delle *Midterm Elections*.

"UN TEST PER LA NOSTRA DEMOCRAZIA"

Il discorso che dà **il via alla campagna elettorale di Biden**, che, di fatto, altro non è che un test sui suoi primi due anni alla Casa Bianca, si sente ad Atlanta, in Georgia, stato che lo ha visto prevalere nel 2020 su Donald Trump per poco più di 11.700 voti e la cui amministrazione repubblicana è stata tra le prime a varare un giro di vite sulle norme elettorali, penalizzando soprattutto le minoranze e le fasce più deboli della popolazione.

Un **discorso** che viene pronunciato **all'Atlanta University Center**, il più antico consorzio di **college afroamericani** degli Stati Uniti. Un **luogo simbolico**, che Joe Biden visita insieme a Kamala Harris, per poi portare dei fiori sulla tomba di **Martin Luther King** seguito dall'invito nella storica Ebenezer Baptist Church, dal cui pulpito negli anni Sessanta predicava proprio il pastore King e dove si svolsero anche i funerali di **John Lewis**, altra icona della lotta per i diritti civili in America.

Ma facciamo un passo indietro e torniamo al discorso di Joe Biden, che apre con la frase:

Siamo di fronte alla più grande prova per la nostra democrazia dai tempi della Guerra Civile.[30]

---

[30] https://www.whitehouse.gov/briefing-room/speeches-remarks/2022/01/11/remarks-by-president-biden-on-protecting-the-right-to-vote/

Una prova, un test, che riguarda proprio il **diritto di voto** e, nello specifico, il Freedom to Vote Act, teso a vanificare gli sforzi dei singoli stati per limitare l'esercizio del diritto di voto. Nell'ultimo anno, spesso cavalcando la campagna mistificatoria dell'ex presidente Trump, sono stati **almeno 19** gli **stati** americani **a guida repubblicana** che **hanno varato provvedimenti restrittivi**, in alcuni casi facendo tornare le lancette dell'orologio indietro di decenni. Come? Per esempio, **abolendo o limitando la possibilità di votare per posta** o rendendo più difficile l'accesso ai seggi.

C'è un testo ancora fermo al Senato che prevede di trasformare l'Election Day in un giorno festivo per favorire l'affluenza e il divieto per le autorità statali di ridisegnare i distretti elettorali **a danno delle minoranze**.

Ma c'è anche un'altra legge sotto la lente d'ingrandimento: il **John Lewis Voting Rights Advancement Act**, con cui si vogliono **ripristinare** alcune fondamentali **norme antidiscriminazione** contenute nello storico Voting Rights Act del 1965 ma poi abolite dalla Corte Suprema nel 2013.

Non è automatico che queste due leggi vengano approvate e modificate. Soprattutto perché, oltre alla resistenza del Partito Repubblicano, ci sono molti **elementi ostici tra i democratici stessi**, contrari alla revisione del *filibuster*, ovvero la norma che permette all'opposizione di chiedere che un provvedimento passi solo con la maggioranza di 60 senatori. Questo senza contare le **critiche della sinistra liberal** e dei **gruppi di attivisti** che si battono per la difesa del diritto di voto, che **accusano il presidente di aver fatto** finora **poco** e nulla **per fermare la svolta conservatrice** di molti stati.

Andare a **votare è una necessità**, lo fa capire molto chiaramente Joe Biden. Gli fa eco **Kamala Harris**, che sull'accesso al voto, soprattutto delle minoranze, ha ricevuto un incarico specifico dal Commander in Chief. C'è un problema, però: Madam VP **non è abbastanza efficace**, soprattutto **nella comunicazione**, e non è un caso che negli ultimi mesi abbia cambiato proprio il Communications Director. Non efficace, non abbastanza forte, deve continuamente difendersi dagli attacchi perché non in grado di dare soluzioni concrete ai dossier che le sono stati affidati.

E poi sembra che **Biden e Harris** abbiano **iniziato a lottare per i diritti di voto troppo tardi**. E i **sostenitori** della presidenza e di questa battaglia si siano **stancati**. E dalla necessità di fare effettivamente qualcosa di concreto, **l'associazionismo americano**, da alcuni anni, oramai, **sta cercando di fare da sé**, senza l'aiuto della politica, ma con **il contributo di celebrità**, attori, **sportivi** che cercano di diffondere al meglio la loro voce, portare le persone alle urne con il desiderio di dare un apporto al voto.

Perché **ogni cartella elettorale conta**, come del resto ciascun elettore conta. Sì, perché il segreto dell'associazionismo è **coinvolgere ogni persona a sentirsi parte di un gruppo**. Ecco perché sono scesi in campo **Michelle Obama**, **LeBron James**, **Lady Gaga** e molti altri ancora, partendo da una voce forte, amata, e con tanti followers, che non guastano mai. Perché l'associazionismo può arrivare dove la politica non vuole e non può arrivare.

Ora, però, facciamo un passo indietro e partiamo da Joe Biden e del suo (dis)impegno nella battaglia per i diritti di voto. Perché da qui parte tutto.

LIFT EVERY VOICE?

Nel periodo della campagna elettorale il team di Joe Biden ha preso una posizione netta, ovvero "Lift Every Voice: The Biden Plan for Black America"[31], che, già dal nome, mirava a **far sentire la voce di ognuno**, anche e soprattutto della **comunità afroamericana**.

In esso si affermava come "la **lotta contro il razzismo** sistemico e la **lotta per i diritti civili**" fosse stata una "forza trainante per **tutta la carriera di Biden** nel servizio pubblico" e si prometteva che (Biden) avrebbe "rafforzato la nostra democrazia **garantendo** che il **voto di ogni americano fosse protetto**", a partire dal Voting Rights

---

[31] https://joebiden.com/blackamerica/

Act e dallo sviluppo di un nuovo processo di pre-autorizzazione, disposizione che impediva agli stati con una storia di discriminazione di modificare le proprie leggi di voto senza l'approvazione del Dipartimento di giustizia.

Sembrava urgente. Ma a quanto pare non lo era così tanto. Biden ha cercato di sbarazzarsi dell'ostruzionismo per proteggere i diritti di voto essenzialmente per tutta la sua amministrazione, ma solo fino a qualche mese fa.

In un incontro pubblico organizzato dalla CNN e moderato da Don Lemon a luglio 2021[32], Joe Biden si è **impegnato solo a ripristinare il dialogo** e **non a** fare il possibile per **togliere** definitivamente **misure restrittive relative al diritto di voto.**

Dialogo che, però, non ha portato, ad oggi, a risultati concreti.

Don Lemon ha insistito sulla questione, chiedendo se proteggere l'ostruzionismo fosse più importante che proteggere il diritto di voto. Biden ha risposto che voleva approvare la legislazione sui diritti di voto, ma ha insistito sul fatto che voleva anche assicurarsi di "**portare dalla nostra parte** non solo tutti i democratici ma **anche i repubblicani**, che conosco, conosco meglio". Biden ha concluso lo scambio dicendo: "Non si può impedire al popolo americano di votare".

Quell'affermazione non era, però, veritiera. **È possibile erigere barriere legali**, ed efficaci, **all'accesso al voto**. Anche una lettura superficiale della storia americana rivela una lunga storia di repressione e intimidazione degli elettori. In quell'intervista con la CNN **Biden ha difeso l'ostruzionismo** fino alla fine, dicendo che il motivo **per** proteggerlo era **evitare di gettare l'intero Congresso "nel caos".**

Tre mesi dopo, in un altro incontro della CNN[33], moderato da Anderson Cooper, Biden ha finalmente affermato di essere disposto a modificare "fondamentalmente" l'ostruzionismo, ma è stato cauto e ha spiegato perché voleva evitare di impegnarsi completamente nella

[32] https://edition.cnn.com/videos/politics/2021/07/22/filibuster-voting-rights-lemon-biden-town-hall-sot-vpx.cnn

[33] https://www.whitehouse.gov/briefing-room/speeches-remarks/2021/10/22/remarks-by-president-biden-in-a-cnn-town-hall-with-anderson-cooper-2/

lotta sull'ostruzionismo stesso.

"Se mi intrometto, in questo momento, nel dibattito sull'ostruzionismo, perdo due, almeno tre voti in questo momento. Per me è **fondamentale avere il sostegno politico** per le prossime decisioni che riguardano l'economia e la politica estera."

Dopo riscontri non proprio positivi nell'ambito economico (con il no del senatore Joe Manchin al sostegno del piano Build Back Better), Biden ha iniziato a concentrarsi sul **diritto di voto**, che, allo stato attuale, non sembra essere stato IL tema, bensì **UN tema**, uno **dei tanti**, da affrontare.

Nel discorso[34] pronunciato il giorno in cui è stata ufficializzata la sua vittoria, Joe Biden ha detto queste parole:

Soprattutto nei momenti in cui questa campagna elettorale ha visto i suoi momenti più brutti, la comunità afroamericana mi è sempre stata accanto. Mi avete sempre difeso, e io farò lo stesso.

Se, però, Joe Biden non farà nulla per loro, la **Black community** si sentirà **colpita alle spalle**, o forse già si sente un po' così. E questo **complicherà i risultati delle elezioni di metà mandato** e la possibile rielezione di Joe Biden. Sì, perché nel suo discorso di circa due ore, in cui ha risposto alle domande dei giornalisti presenti in sala, il 19 gennaio 2022, alla vigilia del suo primo anno da presidente, ha detto:

Nel 2024 mi candiderò. E Kamala Harris sarà con me.[35]

Quale sarà la risposta della comunità afroamericana nel novembre 2022 e 2024? La risposta, come abbiamo scritto all'inizio di questo capitolo, c'è già: **la Black Community si sta già organizzando**. E sta ottenendo risultati concreti.

Magari non ci sarà una legislazione favorevole e più equa, ma

[34] https://www.nytimes.com/article/biden-speech-transcript.html

[35] https://www.whitehouse.gov/briefing-room/speeches-remarks/2022/01/19/remarks-by-president-biden-in-press-conference-6/

questo non impedirà alle comunità americane di organizzarsi e rafforzarsi. Anche grazie all'aiuto di una delle First Lady più amate, Michelle Obama.

MICHELLE OBAMA: "DOBBIAMO VOTARE COME SE IL FUTURO DELLA NOSTRA DEMOCRAZIA DIPENDESSE DA QUESTO"

Con una **lettera**, pubblicata a pagamento **sul New York Times** il 9 gennaio 2022, l'ex First Lady **Michelle Obama manda un messaggio** agli americani **in vista delle elezioni di metà mandato.**

Dobbiamo votare come se il futuro dipendesse da noi.

Obama e la sua organizzazione *When We All Vote* chiede a tutti gli americani di continuare a impegnarsi nella democrazia in un momento in cui c'è un attacco molto forte ai diritti di voto.

La **lettera** – che arriva mentre il Congresso deve ancora passare alla legislazione sui diritti di voto a livello federale – è stata **firmata da altre 30 organizzazioni per l'impegno civico, i diritti di voto e la mobilitazione degli elettori** tra cui la NAACP, la Fair Fight Action di Stacey Abrams, la Voto Latino Foundation, NextGen America, More Than A Vote di LeBron James e Rock the Vote.

Fight For Our Vote.

One year ago, we witnessed an unprecedented assault on our Capitol and our democracy. From Georgia and Florida to Iowa and Texas, states passed laws designed to make it harder for Americans to vote. And in other state legislatures across the nation, lawmakers have attempted to do the same.

This type of voter suppression is not new. Generations of Americans have persevered through poll taxes, literacy tests, and laws designed to strip away their power—and they've done it by organizing, by protesting, and most importantly, by overcoming the barriers in front of them in order to vote. And now, we've got to do the same. We've got to vote like the future of our democracy depends on it. And we must give Congress no choice but to act decisively to protect the right to vote and make the ballot box more accessible for everyone.

As civic engagement, voting rights, and voter mobilization organizations representing millions of Americans, we are joining together to ensure that Congress acts on voting rights legislation—and ensure that every voice is heard and every vote is counted in the 2022 midterm elections and beyond. **We're asking you to join us.**

We stand united in our conviction to organize and turn out voters in the 2022 midterm elections, and make our democracy work for all of us. Collectively we will*:

→ Recruit and train at least 100,000 volunteers throughout 2022 to register and turn out voters in their communities.

→ Register more than a million new voters across the country.

→ Organize at least 100,000 Americans to contact their Senators, calling on them to do everything they can to pass the Freedom to Vote Act and John Lewis Voting Rights Advancement Act.

→ Recruit thousands of lawyers to protect voters in the states where the freedom to vote is threatened.

→ Commit to educate voters on how to vote safely in their state.

As John Lewis said, *"Democracy is not a state. It is an act."* And protecting it requires all of us. That's why his generation organized, marched, and died to defend the very rights that are under attack today. And it's why we're calling on community leaders, organizations, businesses and all Americans to join our efforts in this critical moment for our history and the future of our country.

Are you ready to act? **We are.**

Together,

Michelle Obama

Michelle Obama
Founder of When We All Vote

Vote.org	**League of Women Voters**
Asian and Pacific Islander American Vote (APIAVote)	**Faith in Public Life**
State Voices	**National Women's Law Center**
NextGen America	**National Urban League**
Deliver My Vote	**Vote Forward**
ALL IN Campus Democracy Challenge	**NAACP**
Mi Familia Vota	**Voter Participation Center**
RepresentUs	**Black Girls Vote**
Vote Latino Foundation	**Drag Out The Vote**
Protect the Sacred	**Lawyers' Committee for Civil Rights Under Law**
We The Action	**The Leadership Conference on Civil and Human Rights**
Common Cause	**Rock the Vote**
Shape Up The Vote	**More Than A Vote**
National Bar Association Young Lawyers Division	**Fair Fight Action**
National Action Network	**NAACP Legal Defense and Educational Fund, Inc. (LDF)**

*Not every signatory organization engages in every modality of the work outlined above.

WHEN WE ALL VOTE
whenweallvote.org

Michelle Obama lettera NYT (Ph. Twitter Michelle Obama)

"Siamo **uniti nella convinzione di organizzare e portare elettori alle elezioni di medio termine** del 2022 e fare in modo che la nostra democrazia funzioni per tutti noi" scrive Obama nella lettera. L'ex First Lady delinea un **piano d'azione** e afferma che entro l'anno successivo *When We All Vote* e la coalizione di altre organizzazioni lavoreranno per "**reclutare e formare almeno 100.000 volontari**" e "registrare più di un milione di nuovi elettori"[36].

Obama ha affermato che la coalizione arruolerà anche migliaia di **avvocati per proteggere gli elettori americani**, lavorerà per educare gli americani su come garantire che il loro voto sia sicuro e incoraggerà almeno 100.000 americani a chiedere ai loro senatori di sostenere il Freedom to Vote Act e il John Lewis Voting Rights Advancement Act, due proposte legislative che si sono bloccate al Senato a causa dell'ostruzionismo repubblicano.

Ma cosa possono fare i cittadini americani?

Citando gli ostacoli all'accesso al voto nel corso della storia, Obama scrive che nel 2022 gli **americani devono continuare a lottare per i propri diritti.**

Generazioni di americani hanno perseverato attraverso tasse elettorali test di alfabetizzazione e leggi progettate per privarli del potere – e lo hanno fatto organizzandosi, protestando e, soprattutto, superando le barriere davanti a loro per votare. E ora dobbiamo fare lo stesso.

Poi aggiunge: "non dobbiamo dare al Congresso altra scelta che agire con decisione per proteggere il diritto di voto e **rendere le urne più accessibili a tutti**".

Mentre *When We All Vote* si è concentrata sulla registrazione e mobilitazione degli elettori, l'organizzazione ha recentemente aggiunto un'**enfasi sull'istruzione e sulla difesa.**

L'anno scorso **Obama e varie celebrità**, tra cui Tom Hanks, Tracee Ellis Ross e Kerry Washington, hanno anche invitato gli

---

[36] https://twitter.com/MichelleObama/status/1480189931519684610

americani a incoraggiare i loro senatori a sostenere il **For the People Act**, un ampio pacchetto sui diritti di voto successivamente bloccato dai repubblicani del Senato.Enter your email to sign up for the CNN Meanwhile in America Newsletter.

Tutti insieme. La **coalizione** (delle associazioni) che ha sottoscritto l'impegno di Obama è stata **creata per riunire** alcune delle più grandi **organizzazioni per i diritti di voto.**

È bene ricordare che *Fair Fight Action* – fondata da **Stacey Abrams**, che più di tutti ha difeso i diritti di voto ed è candidata democratica a governatore della Georgia – ha lavorato per proteggere il diritto di voto non solo nello stato del sud ma in tutto il paese.

"*Fair Fight Action* è orgogliosa di unirsi a Michelle Obama e a *When We All Vote* insieme ad altre organizzazioni per i diritti civili e di voto. Siamo pronti a lavorare con i nostri alleati per reclutare nuovi volontari e continuare a **organizzare gli americani per spingere il Senato ad approvare nuove protezioni federali per i diritti di voto** in un momento in cui ne abbiamo più che mai bisogno", ha scritto su Twitter Fair Fight Action[37].

Stacey Abrams speech (Ph. Twitter Stacey Abrams)

---

[37] https://twitter.com/fairfightaction/status/1481069577006157830

Una coalizione che, a detta di molti, è un'iniziativa unica nel suo genere. Una coalizione che, tra gli altri, **vede la partecipazione** anche **di** *More Than a Vote*, associazione creata da **LeBron James**, giocatore di basket, ora in forza ai Los Angeles Lakers.

"È ARRIVATO IL MOMENTO DI FARE LA DIFFERENZA"

La differenza si fa partendo dallo **sport**. Sì, si può fare. È quello in cui crede fermamente **LeBron James**, star del basket americano, uno degli sportivi più famosi negli Stati Uniti e non solo. Da tempo James ha capito che la sua eredità sarà fuori dal campo. Ed è quello che ha iniziato a fare, impegnandosi concretamente per la **difesa della comunità afroamericana negli Stati Uniti**, per il diritto di voto, e non solo.

Partiamo da un presupposto: LeBron James può sembrare una **figura controversa**, ma è proprio in questa sua "**stranezza**" che risiede la sua forza. James è un **atleta-attivista**, che si sente ugualmente a suo agio a discutere le sfumature della legislazione sui diritti di voto mentre abbatte la difesa di un avversario. Da quando ha fatto **importanti donazioni** alla **campagna presidenziale di Barack Obama** nel 2008, James è diventato uno schietto sostenitore dei candidati e delle cause democratiche, sia durante la campagna elettorale che sulle timelines dei suoi 134,6 milioni di follower su Twitter e Instagram.

La forza di James? Aver capito che per arrivare è fondamentale **coinvolgere anche altri sportivi**. Ed è quello che ha fatto, due anni fa. Vediamo come, insieme all'eco mediatico che ha provocato le sue gesta.

LeBron James More than a vote (Ph. Instagram King James)

I semi della National Basketball Social Justice Coalition vengono ufficialmente piantati il 26 agosto 2020, tre giorni dopo gli spari a **Jacob Blake**, colpito alla schiena da sette colpi sparati da un ufficiale di polizia bianco a Kenosha, in Wisconsin. A circa 1.200 miglia di distanza, a Disney World, i giocatori NBA, che si trovavano in una "bolla" a Orlando, in Florida, per terminare il campionato NBA, si sentono frustrati per quanto accaduto: una **sparatoria**, da parte **della polizia**, esattamente **90 giorni dopo la morte di George Floyd**, assassinato dall'ex agente di polizia di Minneapolis Derek Chauvin.

"Cosa possiamo fare per **attirare l'attenzione** su ciò che sta accadendo?" si chiedono. La prima risposta arriva quando **i Bucks**, guidati da George Hill e Sterling Brown, **si rifiutano di giocare** Gara 5 della loro serie al primo turno contro i Magic. Una decisione che porta, quella stessa notte nella sala di un hotel, a un incontro teso in cui i giocatori si chiedono se la stagione deve continuare. La questione è urgente, ma racchiusa in una domanda molto più significativa: **come trarre un cambiamento** a lungo termine da un momento così storico?

STATEMENT FROM THE MILWAUKEE BUCKS

MILWAUKEE (Aug. 24, 2020) – The Bucks organization is praying for the recovery of Jacob Blake, who was shot multiple times in the back by a police officer at point blank range in Kenosha, Wisconsin yesterday. Our hearts go out to his family and friends.

We stand firmly against reoccurring issues of excessive use of force and immediate escalation when engaging the black community.

Our organization will continue to stand for all black lives as we demand accountability and systemic change on behalf of George Floyd, Breonna Taylor, Sylville Smith, Ernest Lacy, Dontre Hamilton, Tony Robinson, Joel Acevedo and countless other victims. We will work to enact policy change so these incidents no longer exist.

--Milwaukee Bucks--

Milwaukee Bucks Statement 2020

È una notte di dibattito importante, in cui c'è anche una telefonata tra LeBron James, Chris Paul e Barack Obama, che si protrae fino al mattino presto, quando i giocatori tengono un incontro virtuale con i responsabili dell'NBA per delineare diversi modi in cui potrebbero avere un **impatto diretto sulla disuguaglianza razziale**. Con le partite dei playoff sospese e centinaia di milioni di dollari in palio, la lega e i suoi proprietari sono costretti a **stringere un'alleanza**.

I giocatori, di fatto, hanno bisogno di qualcosa. E la National Basketball Leaugue può dare ciò che chiedono. Gli **atleti** vogliono **avere una voce più forte**. L'NBA, quindi, decide di istituire una **coalizione per la giustizia sociale**, rappresentata da giocatori, allenatori e proprietari, che affronterà un'ampia gamma di questioni, dall'impegno civico alla promozione di una riforma significativa della polizia e della giustizia penale. Tra gli impegni presi ci sono il **convertire le arene** del basket **in luoghi per le elezioni generali** del 2020 e la **realizzazione di spot pubblicitari** per promuovere l'impegno e la consapevolezza civica[38].

Prima del voto di novembre, però, LeBron e Barack Obama fanno un ulteriore passo in avanti.

"Do not give up your power": Obama, LeBron James e Maverick Carter parlano ai giovani

Barack **Obama**, **LeBron James** e **Maverick Carter**, produttore del campione, sono insieme, a sette giorni dalle elezioni del 2020, in una puntata registrata a Miami – dove l'ex Presidente si trova per un comizio a favore di Joe Biden.

Il tris d'assi ha avuto modo di confrontarsi su **molti temi**, dalla **bolla NBA** (da cui LeBron è uscito con il quarto titolo NBA della sua carriera, il primo con i Los Angeles Lakers), al **tema della giustizia**

---

[38] https://www.si.com/nba/2020/08/27/nba-players-vote-postpone-thursday-games-resume-playoffs

sociale passando, però, anche per tutto ciò che è in gioco nei giorni successivi.

"Non rinunciate al vostro potere. Andate a votare". Parola di Barack Obama, LeBron James e Maverick Carter. A sette giorni da una delle elezioni più contese della storia americana, l'ex presidente a Miami, dove, dopo un comizio elettorale per Joe Biden, registra una puntata di "Uniterrupted", docu-serie di HBO, insieme a LeBron James, stella dei Los Angeles Lakers e Maverick Carter, produttore dell'atleta, anzi, "più di un atleta", così ama definirsi il pluricampione NBA, proprio perché il suo lavoro, a favore dei giovani, è anche fuori dal campo. Un impegno che ha sempre condiviso con Obama che, oltre a non aver mai nascosto la sua passione per il basket, ha visto nella stella di Akron un perfetto esempio da seguire.

"Abbiamo parlato della bolla NBA, del **movimento di giustizia sociale** e di ciò che è in gioco nei prossimi sette giorni", con queste parole Barack Obama non nasconde il **tema cruciale** del loro incontro, le elezioni del 3 novembre. Ma soprattutto ricorda, insieme al campione NBA, di **votare.**

Un punto di partenza importante che ha portato, proprio alle elezioni di **novembre 2020,** un'**altissima percentuale di persone di colore al voto.** Come mai era stato prima. LeBron, però, ha sempre saputo che tutto questo sarebbe stato **solo l'inizio.**

E infatti, in occasione dell'All Star Game di marzo 2021, James colpisce ancora.

"LOOK WHAT WE HAVE DONE"

Prima della partita, il 7 marzo 2021, alla State Farm Arena di Atlanta, viene proiettata una **campagna pubblicitaria** narrata da LeBron James: *Protect Our Power,* un annuncio di 51 secondi[39], che è una **raccolta di immagini e video dell'ondata estiva di proteste di Black Lives Matter** e di politici, atleti e attivisti neri, insieme a **clip**

---

[39] https://www.youtube.com/watch?v=zUW4-WiHUB4&t=8s

della distruzione della rivolta del 6 gennaio al Campidoglio degli Stati Uniti. Queste le parole di James nella sua narrazione:

Guardate cosa abbiamo fatto succedere. Ciò che le nostre voci hanno reso possibile. E ora guardate cosa stanno cercando di fare per metterci a tacere. Usando ogni mezzo possibile e attaccando la democrazia stessa. Perché hanno visto di cosa siamo capaci e lo temono.

"Gli **elettori di colore hanno cambiato il gioco nel 2020**. Quindi, in risposta, i legislatori stanno cercando di cambiare le regole nel 2021", ha detto la comproprietaria dell'Atlanta Dream della WNBA, Renee Montgomery, nonché membro di *More Than a Vote*. In un comunicato stampa Montgomery ha detto: "Sappiamo che come atleti e come leader dobbiamo tenere alta l'attenzione per proteggere il nostro potere, preservare ed espandere i nostri diritti di voto e per continuare a trasformare i momenti in slancio. *More Than a Vote* ha appena cominciato."[40]

Una curiosità sull'Atlanta Dream Team, squadra di basket femminile, parte della WNBA

Il 4 agosto 2021, quando le **giocatrici dell'Atlanta Dream scendono in campo** per una partita contro le Phoenix Mercury, indossano delle **magliette nere a sostegno del Rev. Warnock**, il ministro di colore che aveva occupato il pulpito della Ebenezer Baptist Church del Rev. Martin Luther King Jr. ad Atlanta.

La mossa è un **chiaro attacco a Kelly Loeffler**, senatrice della Georgia vicina a Trump che possedeva una quota di minoranza nella franchigia della WNBA. Alla fine di luglio, Loeffler si era messa in

---

[40] https://www.si.com/wnba/2020/12/01/renee-montgomery-atlanta-dream-opt-out-social-justice

rotta di collisione politica con i giocatori del Dream quando **aveva denunciato** *Black Lives Matter* **in una lettera aperta al commissario della WNBA** Cathy Engelbert, **accusando il movimento di "promuovere la violenza e la distruzione** in tutto il paese"[41].

In una serie di incontri a porte chiuse e discussioni private, le **giocatrici** decidono di rispondere. Invece di attaccare Loeffler frontalmente, **la sfidano alle urne**. L'impatto dell'approvazione sartoriale della squadra è immediato. Nei giorni successivi alla posizione presa dalle giocatrici, la campagna di **Warnock raccoglie più di $236.000** e più di 3.000 singoli donatori. La squadra ha continuato a fare campagna per Warnock fino alla sua vittoria al ballottaggio di gennaio, mostrando il proprio sostegno nelle interviste e sui social media[42].

MA COSA HA IMPARATO IL PARTITO DEMOCRATICO DA LeBRON JAMES E DAI GIOCATORI DI COLORE DELL'NBA?

Il successo della campagna delle Atlanta Dream dà una **lezione strategica al Partito Democratico**: per mobilitare gli elettori tradizionalmente a bassa affluenza bisogna prima **conquistare gli atleti** che possono farsi strada con quegli elettori.

I democratici, però, **non sono stati sempre così affini a sostenere gli atleti** nei loro gesti di protesta. Facciamo due esempi: nel 2016 **Gavin Newsom**, allora luogotenente governatore della California, **rimane in silenzio sulla decisione del quarterback dei San Francisco 49ers** Colin Kaepernick **di inginocchiarsi durante l'inno**

[41] https://www.washingtonpost.com/sports/2020/07/07/wnba-is-making-social-justice-push-franchise-owning-us-senator-wants-focus-games/

[42] https://twitter.com/E_Williams_1/status/1346430601201659904?ref_src=twsrc%5Etfw%7Ctwcamp%5Etweetembed%7Ctwterm%5E1346430601201659904%7Ctwgr%5E%7Ctwcon%5Es1_&ref_url=https%3A%2F%2Fwww.politico.com%2Fnews%2Fmagazine%2F2021%2F05%2F21%2Fdemocrats-activist-athletes-politics-489670

nazionale, nonostante il ruolo svolto da sindaco (democratico e per sette anni) proprio di San Francisco; sempre nel 2016 il presidente **Obama crea pubblicamente un equivoco** quando gli viene chiesto della protesta di Kaepernick, difendendo il diritto del quarterback di parlare apertamente ma esortandolo a considerare il dolore che le sue azioni avrebbero causato alle famiglie dei militari.

L'atteggiamento storicamente arrogante dei democratici nei confronti degli atleti-attivisti porta alcuni commentatori a prevedere che, dopo l'elezione di Joe Biden nel novembre 2020, lo **sport e** la **politica** si sarebbero "ritirati ai propri angoli, **separati**"[43] dopo quattro anni di acrimonia pubblica tra gli atleti e la presidenza Trump.

E invece **nulla di tutto questo avviene**, perché a soli 100 giorni dall'elezione di Joe Biden l'atteggiamento nei confronti degli atleti è già cambiato.

L'evoluzione dei democratici è, quindi, il **prodotto di forze politiche che hanno acquisito slancio durante l'era di Donald Trump** e sono arrivate al culmine durante le elezioni del 2020. Mentre Trump ha passato anni a coccolare gli appassionati di sport conservatori, i proprietari, gli allenatori e alcuni giocatori di alto profilo, un **ampio blocco di atleti progressisti** per lo più neri si è **sollevato in segno di protesta**.

All'indomani dell'**omicidio di Floyd** da parte della polizia, gli **atleti di colore** hanno portato le loro squadre in strada per **chiedere riforme di vasta portata** per affrontare le eredità del razzismo sistemico, nello sport e oltre. Da allora, gli atleti riformisti hanno rivolto la loro attenzione dalla protesta al lato più granulare della politica, **utilizzando le loro enormi piattaforme pubbliche** per promuovere la registrazione degli elettori e mobilitare gli elettori tradizionalmente a bassa affluenza alle urne.

In Georgia, come scritto sopra, l'**Atlanta Dream** della WNBA ha compiuto il passo storico di appoggiare collettivamente il candidato al Senato democratico Raphael Warnock contro la comproprietaria

---

[43] https://www.espn.com/nfl/story/_/id/30719228/in-joe-biden-white-house-unlike-trumps-sports-politics-retreat-their-own-corners

della squadra, Kelly Loeffler del Partito Repubblicano, contribuendo alla fine a **"consegnare" il Senato ai democratici.**

I democratici stanno testando nuove strategie per sfruttare l'influenza politica degli atleti in una coalizione politica più duratura. Al Congresso stanno introducendo una **legislazione più aggressiva per espandere i diritti degli atleti del college.** Alla Casa Bianca, **l'amministrazione Biden sta reclutando atleti per fungere da portavoce** di alcune delle sue priorità legislative chiave, tra cui la protezione dei **diritti di voto** e la **parità di retribuzione.** Ad entrambe le estremità di Pennsylvania Avenue i democratici stanno iniziando a trattare gli atleti non come una responsabilità politica, ma come un elettorato democratico apprezzato e di valore elettorale.

Milwaukee Bucks in ginocchio (Ph. Twitter Milwaukee Bucks)

I AM A VOTER. AND YOU?

Sportivi, ex First Lady, magliette indossate in campo con la scritta "Vote or Die", messaggi rivolti ai giovani attraverso i social, croce e delizia della contemporaneità.

Ma proprio sui **social** sono nate delle **pagine che invitano le**

persone ad andare a votare. E puntano su un elemento essenziale: l'orgoglio.

Lo chiamano *vote pride*, ovvero quell'**orgoglio nell'andare a votare**, che mai gli americani avevano mostrato prima di queste consultazioni elettorali. Ad incitare ancora di più le persone a recarsi ai seggi o anche ad inviare la loro preferenza per posta ci pensa il mondo di **Instagram, aiutato**, ovviamente, anche **da** molte **star della musica, della danza e dell'intrattenimento** americano.

Una pagina dedicata, **I am a voter**, un jingle ad hoc cantato da Lizzo, artista di colore nata a Detroit, cresciuta a Houston e trasferitasi a Minneapolis e il desiderio di **condivisione**, ecco gli ingredienti a dir poco esplosivi in un mondo in cui, se non condividi, rigorosamente sui social, rischi di essere estromesso dalla contemporaneità.

V O T E, imperativo ben scandito, anche da Lizzo. Votare – e condividere – non è mai stato così chiaro. Come del resto il motto *sharing is caring*: condividere è avere a cuore qualcosa. Cosa? Il **futuro dell'America.**

Futuro degli Stati Uniti che, allo stato attuale, è **incerto, divisivo** e **diviso**. Il Paese, infatti, è **separato in due parti**, chi sostiene i diritti civili e chi no, chi crede in **Biden** e chi sostiene che Donald **Trump** è l'unico presidente in carica. Un esercito – letteralmente – su cui lo stesso Trump sta facendo enorme pressione, perché proprio di questo MAGA Army avrà bisogno nel 2024. **Trump** non ha ancora detto esplicitamente se tra due anni proverà ad essere il vincitore delle primarie e, quindi, il **candidato repubblicano alla presidenza.** Tutti gli indizi raccolti finora, però, portano ad una sua **ricandidatura.**

Capitolo V

LIKE HE NEVER LEFT

(la presidenza ombra di Donald Trump)

CAPITOLO V

LIKE HE NEVER LEFT

(la presidenza ombra di Donald Trump)

F. Scott Fitzgerald una volta ha scritto: "Non ci sono secondi atti nelle vite americane". Ma è vero? Sempre più spesso, infatti, alcuni ex presidenti sembrano essere in disaccordo con questa affermazione. Uno in particolare è **Donald J.Trump**.

The Donald ha iniziato il suo tempo da "ex presidente" prima ancora di esserlo tecnicamente. La mattina del suo ultimo giorno in carica, nelle ore che hanno preceduto l'insediamento di Joe Biden, Trump ha lasciato la Casa Bianca e Washington, diventando il **primo presidente in 152 anni a non essere presente al giuramento del suo successore**, scegliendo – invece – un commiato militarista alla Joint Base Andrews nel Maryland. Ma anche salutando i presenti alla Casa Bianca, il Tycoon ha chiarito che **non sarebbe stato un addio.**

Sono passati quasi due anni, e...

E in questi giorni, in modi totalmente prevedibili, imprevedibili e in modi che hanno spaziato dal gravemente serio al completamente assurdo, il presidente dall'unico mandato, due volte sotto accusa che, a due settimane dalle fine del suo mandato, istiga un'insurrezione mortale nella cittadella della democrazia americana, **ha cancellato completamente i parametri concordati da tempo del post-presidenza** proprio come ha fatto con la presidenza stessa.

Rafforzando il divario nel paese tra coloro che sono per lui e coloro che non lo sono, **ha chiesto fedeltà e giurato vendetta**, raccolto e accumulato denaro, preso di mira e **fatto propaganda per chi è contro di lui**. Ha riaffermato la presa di un restrittivo sul GOP, tentando di progettare il volto del partito selezionando pubblicamente i candidati, da senatori di stato di dubbia provenienza a commissari statali dell'agricoltura, un presidente di un distretto di New York, un sindaco di una città più piccola e un giudice di contea. Non ha scritto un libro di memorie standard, ma **ha passato quasi ogni giorno a riscrivere la storia della sua amministrazione, continuando a dire di aver vinto contro Joe Biden** e costruendosi un percorso verso una sua – probabile e possibile – ricandidatura nel 2024.

Tenace e testardo, ma coerente con le sue idee (nel bene e nel male)

Trump, così sfacciatamente diverso da qualsiasi altro ex presidente, ha semplicemente rifiutato di lasciare che le persone non debbano pensare a lui, a cosa sta facendo, a cosa sta dicendo e cosa potrebbe significare. Impegnarsi nuovamente con le risme di copertura giornalistica di Trump nel corso degli ultimi 12 mesi e leggere e rileggere le sue dichiarazioni in ordine cronologico significa ottenere un ricordo viscerale e vertiginoso della **tenacia**, dell'**implacabilità maniacale** con cui ha fatto questo. E lo sta facendo ancora.

Biden, il candidato che l'ha battuto, ha introdotto nel Congresso trilioni di dollari di legislazione e potrebbe riuscire a persuadere i legislatori a spendere trilioni di più, un record non da poco di risultati nonostante le battute d'arresto e le situazioni di stallo in un momento storicamente difficile. Eppure, resta la sensazione che **non** sia **l'attuale bensì l'ex** (e il prossimo?) **occupante dello Studio Ovale a imporre** in qualche modo **la sua volontà**, ancora, al corpo politico e al discorso nazionale.

Un demagogo, un capo del popolo, potrebbe essere un eroe o un cattivo. Che tipo di demagogo è Donald Trump? Entrambi. **Un eroe** per i suoi sostenitori **e un cattivo** per tutti gli altri[44]. Ma cosa ha fatto nell'ultimo anno e mezzo per essere ancora al centro della scena, nonostante il suo mandato presidenziale sia da tempo terminato? Andiamo con ordine, e torniamo indietro al 20 gennaio 2021.

Donald Trump, dopo aver ottenuto il primato di primo presidente in 152 anni a non partecipare alla cerimonia di insediamento del suo successore, **dopo il suo addio alla Casa Bianca non ha mai parlato pubblicamente**. O meglio: non lo ha fatto **per alcuni giorni**. Poi ha lasciato intendere, seppur rabbiosamente, che avrebbe voluto creare il suo partito, quindi la terza forza politica del Paese[45].

Ha sostenuto la candidatura in Arizona di **Kelli Ward**, che aveva fatto una campagna ad hoc sostenendo che le elezioni del 2020 erano state rubate[46]. È stata la prima di una **lunghissima lista di endorsement**, che ha alimentato insistendo sul fatto di aver vinto un'elezione che invece ha perso.

Poi, però, nel suo primo fine settimana successivo alla Casa Bianca, ha trasformato una minaccia in un'altra, facendo parlare in privato un importante assistente politico[47] con i senatori repubblicani per

---

[44] https://www.jennifermercieca.com/demagogueforpresident

[45] https://abcnews.go.com/US/trump-told-rnc-chair-leaving-gop-create-party/story?id=80979889

[46] https://www.washingtonpost.com/politics/trump-republican-split/2021/01/23/d7dc253e-5cbc-11eb-8bcf-3877871c819d_story.html

[47] https://www.politico.com/news/2021/01/25/trump-senate-republicans-

assicurarsi che sapessero che l'ex presidente sconfitto e caduto in disgrazia non avrebbe creato una terza forza politica. Ciò che, però, ha sottolineato è che oltre al non nuovo partito **non avrebbe fatto un passo indietro,** non sarebbe mai svanito nel nulla. In sintesi, Trump ha ricordato sin dal giorno 0 di essere intenzionato a continuare ad essere una presenza pesante e coerente nel GOP.

Ha approvato la candidatura a governatrice dell'Arkansas **di Sarah Huckabee Sanders**[48], **una delle sue addette stampa** mentre era **alla Casa Bianca**, "una guerriera che combatterà sempre... e farà ciò che è giusto, non ciò che è politicamente corretto."

Ha commissionato, attraverso il suo Save America PAC di recente creazione, un sondaggio (https://www.newsweek.com/donald-trump-endorses-sarah-sanders-arkansas-governor-1564401[49]) per valutare l'entità del contraccolpo su Liz Cheney, la più importante e più esplicita delle dieci repubblicane della Camera che avevano votato per il suo impeachment.

NONOSTANTE TUTTO, PERÒ, DONALD TRUMP È RIMASTO, PER I DONATORI REPUBBLICANI, UN COLOSSO DELLA RACCOLTA FONDI[50]

Ha **chiesto** a Kevin McCarthy **di baciare il suo anello** e si è assicurato che la gente lo sapesse. Settimane dopo che il leader della Camera GOP ha dichiarato che Trump aveva una certa responsabilità per gli eventi del 6 gennaio e ha persino preso in considerazione l'idea di una censura, Trump ha permesso all'uomo che una volta chiamava "il mio Kevin" di venire a Mar-a-Lago per dire essenzialmente

---

impeachment-trial-462420

[48] https://twitter.com/SarahHuckabee/status/1353919930333327360

[49] https://www.politico.com/news/2021/01/27/donald-trump-poll-impeachment-backlash-liz-cheney-463339

[50] https://www.propublica.org/article/trump-spawned-a-new-group-of-mega-donors-who-now-hold-sway-over-gops-future

"scusa"[51]. L'incontro e la successiva dichiarazione di Save America hanno chiarito che "**la popolarità del presidente Trump non è mai stata più forte di oggi**"[52], si legge nella dichiarazione, "e la sua approvazione significa forse più di qualsiasi approvazione in qualsiasi momento".

Trump, però, **ha lasciato la Screen Actors Guild** dopo che il sindacato ha affermato di aver affrontato un'udienza disciplinare per il suo ruolo nei fatti del 6 gennaio e per "campagna sconsiderata di disinformazione".

Anche se non ho familiarità con il Suo lavoro, sono molto orgoglioso del mio lavoro in film come Mamma, ho riperso l'aereo, Zoolander *e* Wall Street: il denaro non dorme mai; *e programmi televisivi tra cui* Il Principe di Bel Air, Saturday Night Live *e, naturalmente, uno degli spettacoli di maggior successo nella storia della televisione,* The Apprentice, *solo per citarne alcuni!*

sono queste le parole che Trump scrive in una lettera[53] inviata a Gabrielle Carteris, presidente della Screen Actors Guild.

"In quanto tale, questa lettera è per informarLa delle mie **immediate dimissioni**", ha concluso. Aggiungendo anche "Lei non ha fatto niente per me."

Ha **respinto la richiesta della Camera dei Democratici di testimoniare al suo secondo processo di impeachment**. "Trump", ha detto Jason Miller, il suo portavoce di allora, "non testimonierà in un procedimento incostituzionale".

---

[51] https://www.tampabay.com/news/2021/01/28/trump-mccarthy-meet-and-agree-on-gop-goal-to-take-house/

[52] https://www.donaldjtrump.com/news/president-donald-j-trump-meeting-readout

[53] https://www.sagaftra.org/files/SAG-AFTRAResignationLetterfromPresidentDonaldJTrump.pdf

Trump viene assolto

Solo sette senatori repubblicani votano per la condanna[54], 10 in meno del numero necessario per bandirlo definitivamente dalle cariche pubbliche. L'RNC ha raccolto fondi sul risultato:

Il più grande circo politico di TUTTI I TEMPI è finalmente finito e vogliamo inviare un messaggio che il Partito Repubblicano è PIÙ FORTE CHE MAI.

Trump era pronto da tempo. "Non vedo l'ora di continuare il nostro incredibile viaggio insieme", ha detto in una nota. "Non c'è mai stato niente di simile!"

Ha ospitato a Mar-a-Lago il n. 2 repubblicano alla Camera – Steve Scalise (R.-La.) e il senatore Lindsey Graham (RSC) poco più di un mese dopo che Graham aveva detto di aver avuto un incontro proprio con Trump, per parlare del futuro del Partito Repubblicano.

Ha lanciato quella che sarebbe diventata **una raffica di critiche** durata un anno **contro Mitch McConnell**, facendo esplodere in una dichiarazione di oltre 600 parole il repubblicano più potente del Senato, incolpandolo per i due seggi persi al Senato in Georgia (quando quasi tutti incolpavano lo stesso Trump), prendendosi il merito della sua rielezione (quando McConnell avrebbe sicuramente vinto e forse di più di quanto non abbia fatto senza Trump sul biglietto) e **definendolo un cattivo leader** e peggio.

"Mitch è un politico cupo, scontroso e non sorride mai" ha detto Trump in una dichiarazione inviata in una e-mail dal suo Save America PAC[55], newsletter che sta trasformando in una sorta di suo nuovo feed Twitter, **"e se i senatori repubblicani resteranno al suo fianco, non vinceranno più.** Non farà mai ciò che deve essere fatto,

---

[54] https://www.nytimes.com/2021/02/13/us/politics/republicans-vote-to-impeach.html

[55] https://www.businessinsider.com/trump-breaks-with-mcconnell-calls-him-dour-sullen-unsmiling-hack-2021-2?r=US&IR=T

o ciò che è giusto per il nostro Paese. Ove necessario e appropriato, sosterrò i principali candidati che sposano le idee di Making America Great Again e la nostra politica di America First.”

DONALD TRUMP HA IDENTIFICATO TUTTI I SUOI NEMICI PER NOME[56]

L'ultimo giorno di febbraio al CPAC di Orlando, nel suo **primo discorso da ex presidente**, in cui **anticipava il ritorno di una corsa presidenziale nel 2024**, Trump ha emesso quella che equivaleva a **una corsa alle armi per il 2021 e il 2022 contro** i sette **repubblicani** del Senato e i dieci repubblicani della Camera che **avevano votato per il suo impeachment.**

"Mitt Romney, il piccolo Ben Sasse, Richard Burr, Bill Cassidy, Susan Collins, Lisa Murkowski, Pat Toomey. E alla Camera, Tom Rice, Adam Kinzinger, Dan Newhouse, Anthony Gonzalez, Fred Upton, Jaime Herrera Beutler, Peter Meijer, John Katko, David Valadao – e, naturalmente, la guerrafondaia, una persona che ama vedere le nostre truppe combattere: Liz Cheney", ha detto in quella che **sembrava la lettura di una lista** dei risultati.

"**Sbarazziamoci di loro tutti**", aggiunge.[57]

Quel giorno, il 27 febbraio 2021, Trump incassa 3,5 milioni di dollari: è il **giorno di maggior guadagno**, si è scoperto, di qualsiasi comitato politico repubblicano o repubblicano nell'intera prima metà del 2021[58]. **A marzo 2021**, però, **non si unisce a quattro colleghi ex presidenti** – Barack Obama, George W. Bush, Bill Clinton e Jimmy Carter – negli annunci di servizio pubblico **a favore del vaccino contro il Covid**, seppur raccomandandolo. "Lo consiglierei a molte persone che non vogliono vaccinarsi, e molte di quelle persone hanno

[56] https://www.nytimes.com/2021/02/28/us/politics/trump-cpac-republicans.html

[57] https://www.politico.com/news/2021/02/28/trump-cpac-2024-biden-471869

[58] https://www.nytimes.com/2022/01/05/us/politics/trump-gop-jan-6.html

votato per me, francamente"[59], dice a Maria Bartiromo di Fox News, fermandosi, però, a sostenere qualsiasi obbligo[60]. Poi, però, prosegue nei suoi attacchi e in questa occasione si rivolge a Karl Rove e Wall Street Journal, scrivendo che la testata ha perso credibilità.[61]

Successivamente **invia lettere di cessazione e desistenza alle tre più grandi operazioni di raccolta fondi per il Partito Repubblicano** – l'RNC, il National Republican Congressional Committee e il National Republican Senatorial Committee – per aver usato il suo nome e nelle richieste di raccolta fondi. "Niente più soldi per RINOS[62]", scrive in una nota[63]. "Mandate la vostra donazione a Save America PAC su DonaldJTrump.com. Io appoggio pienamente il Partito Repubblicano e importanti comitati del GOP, ma non sostengo i RINO e gli sciocchi", aggiunge.

Poi, però, **continua a minimizzare la gravità di quanto accaduto il 6 gennaio**. "Una minaccia nulla" dice a Laura Ingraham di Fox News[64]. "Sono entrati – non avrebbero dovuto farlo – alcuni di loro sono entrati e hanno abbracciato e baciato la polizia e le guardie, visto? Molte persone sono state salutate, poi sono entrate e se ne sono andate". Ne mesi successivi Donald **Trump continua a difendere le persone coinvolte nell'assalto** del 6 gennaio, senza sosta.

Ma prosegue anche nella sua attività da "ex presidente."

Dopo alcuni endorsement a figure a lui affini, infatti, fa un saluto inatteso a un matrimonio a Mar-a-Lago[65], festeggia la Pasqua

---

[59] https://www.washingtonpost.com/politics/2021/08/18/trump-went-fox-promoted-vaccines-then-host-goaded-him-into-bashing-boosters/

[60] https://www.politico.com/news/2021/03/16/trump-americans-covid-vaccine-476479

[61] https://www.donaldjtrump.com/news/statement-by-donald-j-trump-45th-president-of-the-united-states-of-america_1

[62] RINO è l'acronimo di Republican In Name Only (repubblicano solo di nome)

[63] https://www.donaldjtrump.com/news/statement-by-donald-j-trump-45th-president-of-the-united-states-of-america_4

[64] https://www.politico.com/news/2021/03/26/trump-rioter-insurrection-zero-threat-478147

[65] https://www.politico.com/news/magazine/2022/01/20/trump-first-year-

scrivendo: "Buona Pasqua a TUTTI, compresi i PAZZI della sinistra radicale che hanno truccato le nostre elezioni presidenziali e vogliono distruggere il nostro Paese![66]"

"BOICOTTAGGIO"

È una parola che Donald Trump ripete con frequenza. E che dice in più occasioni, anche davanti alla risposta dei colossi aziendali alle nuove restrizioni di voto della Georgia, inclusa la decisione della Major League Baseball di ritirare il suo All-Star Game da Atlanta, **Trump ha denunciato la "CANCEL CULTURE."**

Boicottate la Major League Baseball, Coca-Cola, Delta Airlines, JPMorgan Chase, ViacomCBS, Citigroup, Cisco, UPS e Merck[67]. Non comprate i loro prodotti finché non cedono. Possiamo fare meglio di loro. Non hanno nemmeno ottenuto l'approvazione delle legislature statali, che è richiesta dalla Costituzione degli Stati Uniti. Hanno truccato e rubato le nostre elezioni presidenziali del 2020, che abbiamo vinto con una valanga di voti, e poi, per di più, boicottano e spaventano le aziende alla sottomissione. Mai sottomettersi, mai arrendersi! La sinistra radicale distruggerà il nostro Paese se glielo permetteremo. Non diventeremo una nazione socialista. Buona Pasqua!

Dopo il boicottaggio, **Trump riapre il suo negozio di merchandising online**[68] – rimasto inattivo da quando Shopify lo aveva **chiuso per il suo ruolo nell'innescare la rivolta al**

former-president-527299

[66] https://www.donaldjtrump.com/news/statement-by-donald-j-trump-45th-president-of-the-united-states-of-america_14

[67] https://www.donaldjtrump.com/news/statement-by-donald-j-trump-45th-president-of-the-united-states-of-america_13

[68] https://www.politico.com/news/2021/04/07/trump-fundraising-relaunch-479724

Campidoglio il 6 gennaio – **un segnale importante nei suoi crescenti sforzi per consolidare la sua influenza sulle elezioni del 2022** e potenzialmente nel 2024.

"L'UNICO posto dove prendere la tua merce UFFICIALE Trump", dicevano i messaggi inviati ai telefoni dei suoi sostenitori. Save America, ha detto un consigliere di Trump, era seduto su 85 milioni di dollari.

E **poi torna in tv**, per la prima intervista da ex presidente, a Sean Hannity di Fox News.

Vedrete qualcosa che inizierà nel '22 e culminerà nel 2024.[69]

"NON AVETE ANCORA VISTO NIENTE"

Ha ricordato a tutti, a fine aprile, che non era al governo da 100 giorni. "Lasciate che vi dica una cosa: non avete ancora visto nulla."[70]

Ha usato quel linguaggio per descrivere la sua finzione di "elezioni rubate", allo stesso modo in cui aveva fatto all'inizio del 2017 con le *fake news*. "Le **elezioni presidenziali fraudolente** del 2020 saranno, da questo giorno in poi, conosciute come LA GRANDE BUGIA[71]", ha detto.

Questo ha innescato un'escalation con **Liz Cheney**. "Le **elezioni** presidenziali del 2020 **non sono state rubate**. Chiunque affermi che lo fosse sta diffondendo **LA GRANDE BUGIA**, voltando le spalle allo stato di diritto e avvelenando il nostro sistema democratico", ha scritto Cheney su Twitter[72] meno di un'ora dopo. Lo stesso Trump, pochissimo tempo dopo, ha definito Cheney "una persona orribile[73]."

---

[69] https://video.foxnews.com/v/6249387864001#sp=show-clips

[70] https://www.politico.com/news/2021/04/06/donald-trump-mar-a-lago-office-479412

[71] https://www.donaldjtrump.com/news/statement-by-donald-j-trump-45th-president-of-the-united-states-of-america-05.03.21

[72] https://twitter.com/Liz_Cheney/status/1389225154639695881?s=20

[73] https://www.donaldjtrump.com/news/statement-by-donald-j-trump-45th-

Poi prosegue, **prendendosi il merito del miglioramento della situazione pandemica**. "I nuovi casi di COVID negli Stati Uniti, a causa dello sviluppo da record del vaccino e del suo acquisto e distribuzione anticipati da parte dell'amministrazione Trump, hanno raggiunto il livello più basso in più di un anno e sono diminuiti rapidamente[74]", afferma.

"SONO UNA VITTIMA"

Rispondendo alla notizia del procuratore generale di New York che stava assistendo il procuratore distrettuale di Manhattan in un'indagine penale sugli affari della Trump Organization, ha riciclato una retorica ormai familiare.

L'indagine è stata "una continuazione della più grande **caccia alle streghe politica** nella storia degli Stati Uniti. Lavorando in collaborazione con Washington, questi **democratici vogliono mettere a tacere e cancellare milioni di elettori perché non vogliono** che **Trump** si candidi di nuovo", ha detto in una delle sue dichiarazioni più lunghe fino ad oggi[75].

"Nessun presidente è stato trattato come me."

E poi ha voluto dire la sua nel Memorial Day[76].

"Mi dispiace dire che i **prezzi della benzina** con cui dovrete confrontarvi sono molto più alti di quanto non fossero solo pochi mesi fa, quando avevamo benzina a meno di $ 2 al gallone. **Ricordate** mentre guardate il contatore che ticchetta e i vostri dollari si accumulano **che ottimo lavoro ha svolto Donald Trump** come presidente", ha detto. "Vergogna, vergogna, vergogna. A parte questo,

president-of-the-united-states-of-america-05.12.21-2

[74] https://www.donaldjtrump.com/news/statement-by-donald-j-trump-45th-president-of-the-united-states-of-america-05.25.21-03

[75] https://www.donaldjtrump.com/news/statement-by-donald-j-trump-45th-president-of-the-united-states-of-america-05.19.21-2

[76] Il Memorial Day si celebra l'ultimo lunedì di maggio: in questa giornata si ricordano i militari dell'esercito americano morti in guerra

buon weekend del Memorial Day[77]!"

Apre il suo **blog**, "From the desk of Donald Trump", in 29 giorni, ma solo pochissime persone lo leggono[78]. E poi **torna dal vivo**, per il suo primo discorso dal CPAC alla fine di febbraio a Orlando, alla convention GOP della Carolina del Nord a Greenville, **parlando per 85 minuti**, difendendo la sua posizione: "Non sono io quello che cerca di minare la democrazia. Sono io quello che cerca di salvarla."[79] E, dopo aver detto questo, **riceve una standing ovation**.

Attacca i senatori statali della Pennsylvania che non erano d'accordo con le sue bugie e le sue richieste per un audit del voto nel 2020. "Sono stupidi, corrotti o ingenui?[80]" dice.

E il 26 giugno, poi, va in Ohio per tenere la sua **prima manifestazione post-presidenza**, riaffermando il suo sostegno a Max Miller e ribadendo la sua **sete di vendetta** contro Anthony Gonzalez. "Vi sono mancato"? chiede. "A loro manco" aggiunge[81].

Una frase che ha ripetuto alla fine di agosto 2021, in occasione del ritiro dell'esercito americano dall'Afghanistan, scrivendo: "Tragico disastro in Afghanistan... **VI MANCO ANCORA?**" ha detto. "Non sarebbe mai successo se fossi stato presidente![82]" ha aggiunto.

Durante un viaggio al confine con il Texas dice: "**Biden sta distruggendo il nostro paese**", contrastando quindi le **politiche di confine** dell'attuale presidente con le sue. "Noi abbiamo fatto un ottimo lavoro"[83], ha aggiunto.

Nell'agosto dello scorso anno ha stroncato il ritiro militare

---

[77] https://www.donaldjtrump.com/news/statement-by-donald-j-trump-45th-president-of-the-united-states-of-america-05.27.21

[78] https://www.washingtonpost.com/technology/2021/06/02/trump-blog-dead/

[79] https://www.politico.com/news/2021/06/05/trump-north-carolina-speech-gop-492000

[80] https://www.donaldjtrump.com/news/statement-by-donald-j-trump-45th-president-of-the-united-states-of-america-06.14.21-02

[81] https://www.nytimes.com/2021/06/26/us/politics/trump-rally-ohio.html

[82] https://www.donaldjtrump.com/news/news-pysgfzbgrh529

[83] https://www.washingtonpost.com/politics/trump-border-visit/2021/06/30/8c5165ac-d91c-11eb-8fb8-aea56b785b00_story.html

dall'Afghanistan che aveva promesso l'avrebbe fatto da solo. Ha urlato ad una folla a Sarasota, in Florida, nel fine settimana del 4 luglio per **epurare il Partito Repubblicano dai presunti traditori** all'interno. "Vedendo la folla record di oltre 45.000 persone in Ohio e Florida, in attesa per giorni, in piedi sotto la pioggia battente, vengono anche da lontano", ha detto in una nota[84]. "Le loro braccia sono tese, piangono per le elezioni truccate e i RINO (*Republican in name only – repubblicani solo nel nome – nda*) non hanno idea di cosa sia questo movimento. In effetti, sono forse **il nostro problema più grande**. Non salveremo mai il nostro Paese e non saremo mai più grandiosi a meno che i repubblicani non diventino FORTI e INTELLIGENTI!"

Ha continuato a **raccogliere fondi per** oltre $100 milioni: "Donate to Save America at **Donald J.Trump.com!**[85]" – e non per altri candidati del GOP ha aggiunto.

Ha elogiato il governatore del Missouri per aver graziato la coppia a St. Louis che ha raggiunto la quasi fama di "cancellare la cultura" di destra puntando le pistole contro i manifestanti in marcia di Black Lives Matter[86]. E poi ha assunto due agenti dall'Iowa attraverso il suo Save America PAC, **aumentando le possibilità sulla sua presenza alle elezioni del 2024**. "Non posso ancora rivelarlo. Ma so assolutamente la mia risposta", ha detto su Fox News quando gli è stato chiesto della prospettiva di una sua possibile ricandidatura.[87]

Il suo (non) ricordo dell'11 settembre

L'11 settembre **non si è unito ad altri tre ex presidenti al**

---

[84] https://www.donaldjtrump.com/news/statement-by-donald-j-trump-45th-president-of-the-united-states-of-america-07.05.21

[85] https://www.donaldjtrump.com/news/news-kxw4qcz33z483

[86] https://www.stltoday.com/news/local/metro/the-st-louis-couple-charged-with-waving-guns-at-protesters-have-a-long-history-of/article_281d9989-373e-53c3-abcb-ecd0225dd287.html

[87] https://www.latimes.com/politics/story/2021-07-20/iowa-2024-republican-presidential-hopefuls-trump

Memoriale dell'11 Settembre a Lower Manhattan. Non ha parlato a Shanksville, in Pennsylvania, come ha fatto George W. Bush, che ha citato "l'unità dell'America" all'indomani degli attacchi di 20 anni fa e ne ha lamentato la mancanza ora. "Una forza maligna[88]", **ha aggiunto Bush**, "sembra all'opera nella nostra vita e trasforma ogni disaccordo in un argomento e ogni argomento in uno scontro. Gran parte della **nostra politica è diventata un nudo appello alla rabbia, alla paura e al risentimento**".

Trump è apparso tramite video registrato a una conferenza presso la Unification Church, meglio conosciuta come "culto dei Moonies", e ha fatto visita a una stazione dei vigili del fuoco e di polizia a New York, dove ha iniziato il suo discorso di apertura **criticando Joe Biden per "essere fuggito" dall'Afghanistan**, ripetendo la bugia secondo cui le elezioni sono state truccate e enfatizzando che si candiderà alla presidenza nel 2024", come ha scritto Ruby Cramer di Politico[89]. "Al calar della notte, era in un casinò del sud della Florida a fornire diverse ore di commenti su quattro incontri di boxe per il Triller Fight Club in una *trasmissione televisiva alternativa* disponibile per $ 49,99" in pay-per-view.

La reazione di Trump alle parole di George W.Bush? "Bush non dovrebbe insegnare nulla a nessuno, visto il fallimento della sua presidenza.[90]"

Ha **fatto causa** alla nipote Mary[91] e **a Twitter**, per poter accedere di nuovo al suo account[92]. Ha annunciato il **lancio della sua piattaforma di social media** – finanziata da centinaia di milioni di dollari di denaro di altre persone[93] – chiamata "**TRUTH**" (*verità*).

[88] https://www.bushcenter.org/about-the-center/newsroom/press-releases/2021/09/remarks-president-bush-shanksville-9-11.html

[89] https://www.politico.com/news/magazine/2021/09/13/trump-9-11-511611

[90] https://www.donaldjtrump.com/news/news-7rchytc2fp686

[91] https://www.politico.com/news/magazine/2020/07/13/mary-trump-book-godfather-358841

[92] https://www.theverge.com/2021/10/2/22705584/trump-sues-reinstate-twitter-account-jan-6-riot-protest

[93] https://www.wsj.com/articles/dwac-the-trump-social-media-spac-could-make-

Ha celebrato l'annuncio del ritiro dal Congresso di Adam Kinzinger dell'Illinois, un altro dei dieci repubblicani alla Camera che avevano votato per l'impeachment. **"Due andati, ne mancano otto"** ha scritto in un comunicato[94]. Ha scritto in un'e-mail con un collegamento a un articolo di The Hill: "Il ritiro di Kinzinger sottolinea il dominio di Trump sul GOP."[95]

Ha ospitato Kyle Rittenhouse a Mar-a-Lago dopo che l'**adolescente** è stato **assolto per aver sparato a due uomini** durante le proteste a Kenosha, nel Wisconsin. "Congratulazioni", ha scritto, "per essere stato giudicato INNOCENTE.[96]"

Trump, poi, **pubblica un libro** da tavolino sul suo incarico di presidente – *Our Journey Together*, al prezzo di $74,99 per copia, $229,99 se firmato. "È un libro di immagini, in gran parte, con dichiarazioni", dice Trump a Hugh Hewitt, "ma un libro di immagini." Che raccoglie molti introiti...

L'ANNIVERSARIO DEL 6 GENNAIO E "È SOLO L'INIZIO"

Trascorre l'anniversario della rivolta al Campidoglio rilasciando dichiarazioni frenetiche. "I media complici la chiamano semplicemente la Grande Bugia, quando in realtà la Grande Bugia era l'elezione stessa", ha detto. **"Non dimenticare mai il crimine delle elezioni presidenziali del 2020. Non arrendersi mai!"**[97] scrive. Ma l'annunciata **conferenza stampa** a Mar-a-Lago **nel primo anniversario del 6 gennaio viene cancellata**[98].

its-backers-400-million-11635330600

[94] https://www.donaldjtrump.com/news/news-7wkcs3rque966

[95] https://thehill.com/homenews/house/579211-kinzinger-retirement-underscores-trump-dominance-over-gop

[96] https://www.insider.com/donald-trump-congratulates-kyle-rittenhouse-on-acquittal-statement-2021-11

[97] https://www.donaldjtrump.com/news/news-rgfjzbfr6f1371

[98] https://www.politico.com/news/2022/01/04/gop-trump-jan-6-speech-526487

Poi va a Florence, in Arizona, dove conferma quanto detto nei mesi precedenti: **è solo l'inizio**. Ed è quello che si legge nelle parole di Elaine Godfrey della testata *The Atlantic*: "La maggior parte dei candidati presidenziali perdenti sono costretti a un tranquillo ritiro dai loro partiti. **Trump**, però, **ha invertito la tendenza**. Ha convinto i candidati repubblicani in tutto il paese, compresi quelli sul palco a Florence, a **ripetere le sue bugie elettorali** e ha convinto i suoi sostenitori di base a trattare quelle falsità come sacre scritture. A questo punto, quelle bugie sono circolate. Ma alla manifestazione di Florence, quando i **fan di Trump hanno chiesto l'arresto degli addetti ai sondaggi** e la **reintegrazione del legittimo presidente**, ho avuto la sensazione che questo potesse essere solo l'inizio.[99]"

Un inizio che riparte da qui e **da un nuovo social** media, creato ad hoc per lui, dal nome TRUTH, ovvero verità.

---

[99] https://www.theatlantic.com/politics/archive/2022/01/trump-rally-bubble-crowd-size/621292/

Capitolo VI

TRUTH

CAPITOLO VI

TRUTH

Truth, **verità**, quella che Donald **Trump** vuole diffondere, in **un social tutto suo**, creato appositamente per lui.

Il primo annuncio di questa sua nuova avventura nel mondo del web viene **reso pubblico il 20 ottobre 2021** attraverso un comunicato stampa della Trump Media & Technology Group (TMTG), in cui Donald Trump sottolinea uno degli obiettivi che il nuovo social vuole raggiungere: **combattere la tirannia di Facebook e Twitter**, dopo che lo hanno bloccato e cacciato dalle loro piattaforme in seguito all'attacco al Congresso del 6 gennaio.

"Viviamo in un mondo dove i talebani hanno un'enorme presenza su Twitter, mentre **il vostro presidente preferito viene silenziato. Questo è inaccettabile!**", tuona Trump in questa nota[100].

Il solo annuncio fa correre Digital World Acquisition Group

---

[100] https://media.communities.win/post/TnPPsnYe.jpeg

a Wall Street, dove guadagna fino al 111% per essere poi sospeso per eccesso di volatilità. La società – una *special purpose acquisition company* – ha in programma una fusione o un'acquisizione del gruppo media dell'ex presidente che, così, sbarcherà al Nasdaq. Con il suo social Trump scommette di poter **tornare alla ribalta** e riconquistare quel **ruolo di primo piano nella politica americana** che sembra sempre più appannato, oltre che a **mantenere la presa su** quel **partito repubblicano che ha stravolto** con la sua ascesa e che, seppur in maniera ridotta, continua a influenzare e spaccare fra endorsement e critiche contro coloro che non lo hanno difeso a spada tratta.

La versione iniziale di Truth è stata resa disponibile a partire da novembre 2021 solo per un ristretto gruppo di "invitati" per diventare poi accessibile al grande pubblico – ma solo negli Stati Uniti – da lunedì 21 febbraio 2022, ovvero il Presidents' Day.

Che cosa consentirà Truth – almeno sulla carta – **a Donald Trump?** Sicuramente di **continuare a parlare ai suoi sostenitori.** Ma anche di proseguire la sua battaglia personale contro l'egemonia Big Tech, attaccata ripetutamente in passato, con l'accusa di essere faziosa e guidata da un gruppo di liberal. Da qui l'idea di Trump di creare una piattaforma alternativa che, secondo i commentatori, è più paragonabile a Parler o Gab che a Facebook o Twitter.

Un'attesa che si è protratta per mesi, un periodo in cui l'ex presidente **Trump ha sempre ribadito che sarebbe stata una piattaforma in cui la libertà di parola sarebbe stata difesa.** Ma almeno altre sette società di social media hanno fatto la stessa promessa. E non da qualche mese.

Il primo giorno di Truth

Nonostante una lunga lista d'attesa e qualche problema di registrazione, il viaggio di Truth Social è ufficialmente iniziato. Secondo i dati pubblicati da AppTopia[101], sito che monitora

---

[101] https://apptopia.com/ios/app/1594136665/about

l'ecosistema delle app, la **nuova applicazione di Donald Trump** soltanto **nel suo primo giorno** di pubblicazione **ha visto 170.000 download.**

La nuova società dell'ex presidente, Trump Media & Technology Group, ha lanciato l'app nella serata di domenica 20 febbraio, poco prima che iniziassero le brevi vacanze per il Presidents' Day[102]. Importante ricordare che questi **dati si riferiscono soltanto al mercato statunitense**, in Europa Truth non è ancora disponibile. Secondo i dati raccolti da AppTopia, sono molti gli utenti che hanno segnalato delle difficoltà durante la registrazione. Altri hanno ricevuto una notifica che indicava la lunga attesa per accedere all'app. Il **risultato del primo giorno**, però, è **soddisfacente: Truth** è risultata **al primo posto nella classifica dei download di Apple.**

Un elemento interessante da tenere in considerazione è che i **download dell'app di Trump** – sempre con riferimento al primo giorno – **superano di gran lunga quelli che le app concorrenti vedono in un giorno medio.**

TMTG, però, si unisce a un ambito affollato di altre società che sperano di fare la stessa cosa, cioè **dare un nuovo spazio ai conservatori ma anche a chi è insoddisfatto dei social network esistenti**, come Twitter e Facebook. Ma i primi confronti tra Truth e altri social sono già stati fatti: Parler, per esempio, ha registrato una media di circa 1.500 download al giorno su Apple nel mese di febbraio, mentre Rumble (10.600) e Gettr (12.050) hanno fatto leggermente meglio, sempre secondo i dati di AppTopia.

L'interesse sui progetti di Trump si è proiettato anche sui **mercati finanziari.** Le **azioni** della società quotata in borsa, che Trump intende trasformare in TMTG attraverso una SPAC[103], sono **aumentate del 12% nella sola giornata di martedì 22 febbraio**, un giorno dopo

---

[102] Negli Stati Uniti il Presidents' Day è una giornata di festa nazionale, che si celebra il terzo lunedì di febbraio. È nata per nata per ricordare il compleanno di George Washington

[103] https://www.pwc.com/us/en/services/trust-solutions/accounting-advisory/spac-merger.html

il lancio ufficiale della nuova applicazione[104]. Le azioni sono a livelli record, un ulteriore elemento che **sottolinea**, ancora una volta, il **sostegno che Trump continua ad avere.**

Alcuni punti-chiave da sapere

Il giorno in cui Truth Social è stata ufficialmente inaugurata ho letto nel dettaglio quali sono i termini di servizio associati a questa App, soprattutto per capire chi e come potrà contribuire alla discussione. Nonostante venga pubblicizzato che la piattaforma "darà voce a tutti", secondo un comunicato stampa[105], le condizioni di utilizzo di Truth Social affermano che **gli utenti non possono "denigrare, offuscare o danneggiare in altro modo, a nostro avviso, noi e/o questo sito[106]".**

E se si presenta come un rifugio per la libertà di parola e il "primo grande rivale di Big Tech"[107], le condizioni di utilizzo di Truth Social chiariscono che la piattaforma non intende solo moderare i contenuti, proprio come fanno Twitter e Facebook, ma si riserva anche il **diritto di rimuovere gli utenti per qualsiasi motivo lo ritenga necessario.** In altre parole, **qualsiasi utente che critica Trump** o il sito può essere espulso dalla piattaforma.

Le altre condizioni dicono che se Truth decide di chiudere o sospendere un determinato account, **la piattaforma potrebbe anche fare causa a quell'utente,** qualcosa che Twitter e Facebook, invece, non dicono. "Oltre a chiudere o sospendere il tuo account, ci riserviamo il diritto di intraprendere un'azione legale appropriata, incluso, senza limitazione, il perseguimento di un risarcimento civile, penale e ingiuntivo", affermano le condizioni di utilizzo[108] di Truth Social. Condizioni che **sono state applicate già il primo giorno** di

---

[104] https://edition.cnn.com/2022/02/23/investing/trump-spac-truth-social/index.html

[105] https://twitter.com/realLizUSA/status/1450979193400045570

[106] https://www.tmtgcorp.com/terms-of-service/

[107] https://tmtgcorp.com/company-overview/

[108] https://www.tmtgcorp.com/terms-of-service/

Truth. Infatti, un username *(@DevinNunesCow)* che prendeva in giro Devin Nunes, CEO della Trump Media & Technology Group, è stato censurato.[109] Le condizioni **vietano agli utenti di utilizzare il sito per fare pubblicità** o offrirsi di vendere beni e servizi, **ingannare**, frodare o **fuorviare il sito e altri utenti** e **tentare di impersonare un altro utente** o persona o utilizzare il nome utente di un altro utilizzatore.

L'elenco delle **attività proibite** del sito include anche "**l'uso eccessivo di lettere maiuscole**", un'idiosincrasia per cui Trump è diventato famoso su Twitter e che nessun altro importante social network vieta (*le condizioni di Truth Social contengono anche alcune sezioni scritte in maiuscolo – ndr*).

Inoltre, come riportato dal Washington Post[110], i termini di servizio di Truth sembrano indicare che **la piattaforma spera di appoggiarsi alla Sezione 230 del Communications Decency Act**[111], che protegge le piattaforme digitali da azioni legali sui contenuti pubblicati dai loro utenti, al fine di **proteggere lo stesso social stesso dalla responsabilità legale**. "Non siamo responsabili per i siti Web di terzi a cui si accede tramite il Sito o per i Contenuti di terzi pubblicati, disponibili tramite o installati dal Sito, inclusi il contenuto, l'accuratezza, l'offensività, le opinioni [o] l'affidabilità", affermano i termini. Ciò che **è bene ricordare** è **che** durante la sua presidenza, **Trump ha criticato** fermamente la **Section 230**, definendola una legge "molto pericolosa e ingiusta" e dicendo che avrebbe dovuto essere "completamente revocata."[112]

---

[109] https://www.businessinsider.com/donald-trump-truth-social-devin-nunes-cow-joke-censored-2022-2?r=US&IR=T

[110] https://www.washingtonpost.com/technology/2021/10/21/trump-truth-social-fake-accounts/

[111] https://www.eff.org/issues/cda230

[112] https://www.vox.com/recode/2020/5/28/21273241/section-230-explained-trump-social-media-twitter-facebook

Cosa vuole ottenere Trump con Truth

Dopo essere stato bloccato da Twitter, Facebook e YouTube, Donald **Trump ha provato più volte** a galvanizzare il suo elettorato attraverso **piattaforme alternative** senza, però, ottenere grandi risultati. Una su tutte si chiama(va) *From the desk of Donald J. Trump* [113], una versione aggiornata di un **blog** in cui l'ex presidente **metteva a disposizione video e dichiarazioni pubbliche**. I sostenitori potevano registrarsi e ricevere una notifica quando Trump inviava un messaggio dal suo sito, una funzione molto simile a quelle di altre piattaforme di social media. E sebbene gli **utenti** non avessero la possibilità di rispondere ai post di Trump, **potevano** comunque **mettere "Mi piace" e condividerli sui propri account Twitter o Facebook**. Tutti i verbi utilizzati per descrivere questa attività sono al passato perché *From the Desk of Donald J. Trump* ha chiuso i battenti 29 giorni dopo la sua inaugurazione.

Il primo obiettivo da raggiungere per Trump, attraverso **Truth**, è molto semplice: **avere uno spazio social tutto suo**, che gli permetta di **esprimere le sue idee senza nessun contraddittorio**. Ma anche poter dialogare, scambiare idee con i suoi sostenitori, ma sempre senza essere contraddetto. E poi, aspetto ancora più importante, è che attraverso la piattaforma può **raccogliere denaro per finanziare i suoi conti e le sue attività politiche**, cosa che non è riuscito a fare con la sua breve, nuova avventura nel web, nata nel maggio 2021 e conclusasi circa tre settimane dopo.

Chi è coinvolto in Truth Social

Nunes, un alleato chiave di Trump, è il Chief Executive Officer di Trump Media and Technology Group, società che ha sviluppato l'app Truth.

---

[113] https://www.vox.com/recode/2021/5/4/22419905/from-the-desk-of-donald-trump-twitter-facebook-ban

Nunes, **repubblicano e dal 2003 rappresentante al Congresso per lo stato della California,** ha attirato l'attenzione dei media nazionali per le sue **veementi difese dell'allora presidente Donald Trump durante le indagini dell'FBI** sulla possibile interferenza della Russia nelle **elezioni del 2016.** L'anno successivo ha aggirato il suo comitato per recarsi alla Casa Bianca per **informare Trump sui rapporti riservati dei rami esecutivi** che, secondo lui, mostravano che i membri della squadra di transizione di Trump erano stati travolti dalla sorveglianza del governo. In seguito, è emerso che tre funzionari della Casa Bianca che lavoravano per Trump avevano contribuito a garantire a Nunes l'accesso a quei documenti. Il **rappresentante Adam Schiff,** allora **parte democratica** del comitato, **aveva accusato la sua controparte repubblicana** di lavorare con la Casa Bianca per **ostacolare le indagini del comitato e aiutare Trump** a salvare la faccia in mezzo a una crescente tempesta di fuoco pubblica.

Negli anni successivi, **Nunes** ha ripetutamente **sostenuto la retorica di Trump sull'ingerenza della Russia nelle elezioni** e ha affermato falsamente che **il governo ucraino,** non la Russia, **era responsabile** della – possibile – **interferenza nelle consultazioni elettorali del 2016.**

"È giunto il momento di riaprire Internet e consentire il libero **flusso di idee ed espressioni senza censure.** Gli Stati Uniti d'America hanno trasformato il sogno di Internet in realtà e sarà un'azienda americana a ricreare il sogno", ha affermato Nunes in un comunicato annunciando la sua posizione di CEO dell'azienda[114].

Poco dopo che Nunes ha annunciato che si sarebbe unito come CEO, la società di media di Trump ha annunciato di aver firmato un accordo con Rumble per fornire video e streaming per Truth Social.

Anche il **finanziere Patrick Orlando** è legato all'impresa come capo della società di assegni in bianco, Digital World Acquisition Corp., che ha collaborato con Trump Media and Technology Group.

---

[114] https://www.npr.org/2021/12/06/1061945602/devin-nunes-california-trump-media-truth-social

TRUTH PUÒ COMPETERE CON I GIGANTI DEL WEB?

La scelta di Facebook e Twitter di **sospendere Trump** è stata vista come un **potenziale momento di svolta per le piattaforme** di social media **alternative**: l'obiettivo era **sfruttare la frustrazione dei sostenitori di Trump**.

Sebbene un picco iniziale di download, **l'entusiasmo** verso applicazioni alternative **è velocemente diminuito** e le piattaforme tradizionali, con le loro centinaia di milioni di utenti, hanno continuato a mantenere il loro predominio nello spazio.

Ma qual è un fattore che potrebbe dare a Truth Social un **vantaggio rispetto alle altre piattaforme di destra?** Trump. Sì, **proprio lui**. L'ex presidente non si è iscritto a nessun nuovo social media e ha ancora un enorme seguito tra i suoi sostenitori. Le sue dichiarazioni continuano a fare notizia e se, invece di distribuirle via mail, inizia a pubblicarle su Truth Social, molto probabilmente avrà anche molta attenzione da parte dei media. La domanda ora è: **Truth riuscirà ad emergere tra le tantissime app già in circolazione (e in uso)?** Per rispondere al meglio vediamo in quale contesto si inserisce la nuova app di Trump.

"A CROWDED FIELD"

Gettr[115], un'alternativa di destra a Twitter fondata nel 2021 da Jason Miller, ex consigliere di Trump, si autodefinisce un "rifugio dalla censura"[116]. È simile a **Parler**, un altro clone di Twitter sostenuto da Rebekah Mercer, *super donor* del Partito Repubblicano. **MeWe** e **CloutHub** sono invece simili a Facebook, ma promuovono il dialogo e lo scambio di opinioni senza restrizioni.

L'app di Trump è l'ultima – e più vistosa – concorrente nel fitto universo di società di social media che sono spuntate negli ultimi anni,

---

[115] Gettr, fusione di Getting Together, ovvero "stare insieme"

[116] https://www.wsj.com/articles/ex-trump-adviser-jason-miller-new-social-app-gettr-backed-by-guo-wengui-tied-foundation-11625199130

con la promessa di **costruire un Internet parallelo** dopo che Twitter, Facebook, Google e altre piattaforme tradizionali hanno iniziato a reprimere l'incitamento all'odio. **Milioni di utenti** si sono **iscritti a** queste cosiddette alt-tech o **piattaforme alternative, attratti dalla promessa di uno spazio svincolato da** quella che considerano la **censura delle voci conservatrici.** Il business case di queste aziende, tuttavia, si è già rivelato debole.

La maggior parte delle start-up alt-tech stanno inseguendo lo **stesso pool di utenti**, molti dei quali sembrano dedicare solo una piccola parte del loro tempo, sui social media, a cause politiche. È pur vero che gli **esperti di destra**, che attirano un vasto pubblico, **hanno già un supporto ben consolidato sui social media mainstream,** il che rende improbabile che passino completamente a una nuova piattaforma a meno che non vengano bloccati dalle piattaforme stesse. E poiché la maggior parte degli investitori tradizionali della Silicon Valley non si affretta a finanziare la tecnologia alternativa, la **crescita di queste società dipende dal piccolo gruppo di finanziatori** che investono in cause "di parte".

Rumble, fondata nel 2013 per competere con YouTube e la più antica di queste società di social media alternative, ha recentemente riferito che le sue **entrate** sono **quasi triplicate nel 2021**[117]. **Tuttavia,** per i primi nove mesi del 2021 le sue entrate sono state **inferiori a sette milioni di dollari**; in confronto, YouTube ha realizzato quasi nove miliardi di dollari di entrate pubblicitarie nel suo ultimo trimestre.

Le piattaforme alternative affermano di aver registrato decine di milioni di utenti, ma sono numeri difficili da verificare perché spesso non vengono tracciati in modo indipendente. È però **improbabile che rappresentino una sfida seria e competitiva per le piattaforme** di social media **tradizionali**, che hanno miliardi di utenti, basti pensare che sono più di 1,9 miliardi gli utenti attivi giornalieri di Facebook e 211 milioni quelli su Twitter[118] che vedono annunci pubblicitari.

E anche **Gettr**, **Parler** e **Rumble** si sono affidati a Twitter per

[117] https://smallbiztrends.com/2022/02/what-is-rumble.html
[118] https://www.nytimes.com/2021/10/26/technology/twitter-third-quarter-2021-earnings.html

annunciare l'arrivo di una nuova figura o influencer di destra. Parler, ad esempio, ha utilizzato Twitter per comunicare che Melania Trump, ex First Lady, stava trasformando la piattaforma nella sua "casa dei social media"[119]. Le società di social media alternative prosperano principalmente grazie alla politica, ha affermato Mark Weinstein[120], il fondatore di **MeWe**, una piattaforma con **20 milioni di utenti** registrati che si è posizionata come un'opzione a Facebook. Piuttosto che perseguire gli utenti per le loro convinzioni politiche, MeWe **si rivolge a persone che vogliono proteggere la privacy dei loro messaggi online**, ha affermato Weinstein. L'offerta di base di MeWe è gratuita, ma prevede costi per alcuni servizi in abbonamento. La sua start-up ha raccolto 24 milioni di dollari da 100 investitori[121].

A settembre 2021, invece, Trump Media ha accettato di fondersi con Digital World Acquisition, una blank check company[122], che ha raccolto 300 milioni di dollari. Le due entità hanno raccolto 1 miliardo di dollari da 36 investitori in un'assegnazione privata[123].

Numeri da capogiro per questo gruppo, molto ricco e affollato, di **nuove app conservatrici**. Sebbene **Truth Social** vi sia entrata come ultima, questo non significa che non **riuscirà** nel suo intento di emergere e **diventare l'unica voce** – tra tante – **nel mondo del web repubblicano**. Il primo test saranno le elezioni di metà mandato, che daranno il primo voto concreto a quanto fatto da Trump e – soprattutto – all'efficacia del team di Truth. Dietro a Trump, però, non c'è solo un universo social e web, ma soprattutto un **universo femminile** che lo consiglia e lo guida, sin dal 2016 e di cui parleremo a breve.

---

[119] https://twitter.com/meridithmcgraw/status/1491787909057286159

[120] https://apnews.com/article/donald-trump-media-social-media-acc77e2afbad87da884345565385ca1c

[121] https://support.mewe.com/hc/en-us/articles/360053043373-How-can-MeWe-be-free-and-make-money-

[122] http://www.rivistadirittosocietario.com/Special-Purpose-Acquisition-Companies-SPAC#:~:text=Come%20noto%2C%20le%20blank%20check,individuata%20al%20momento%20della%20costituzione

[123] https://www.nytimes.com/2022/01/20/business/trump-media-investors.html

Capitolo VII

MAGA Army

CAPITOLO VII

MAGA Army

Si chiama **"Army For Trump"** ed è il nome del sito attraverso cui Donald **Trump ha chiamato all'appello i suoi sostenitori**, nella primavera del 2020, quando faceva campagna elettorale per la rielezione. Già in quel periodo si parlava di possibili violenze post-elettorali, visto il clima teso che stava vivendo il paese. La scelta di Trump di **chiamare alle armi** i suoi combattenti attraverso una pagina web è oggettivamente sembrato molto azzardato. E ha destato tante preoccupazioni, soprattutto per l'utilizzo di **immagini forti** e di un **linguaggio altamente militarizzato**; infatti, i sostenitori di Trump venivano **chiamati ad "arruolarsi"** in una serie di attività per sostenere la campagna. Ai volontari era chiesto di unirsi alla "prima linea" e lavorare a fianco degli "operativi del Team Trump testati in battaglia", promettendo di promuovere i seguaci a far parte del "personale sul campo" dell'esercito Trump.

Chi aderisce al MAGA Army?

Ma chi è che fa parte del **Make America Great Again Army**? Per rispondere a questa domanda torniamo indietro, al 2016, quando The Donald si lancia nel mondo della politica.

I sostenitori di **Donald Trump** vedono in lui **"l'uomo della porta accanto"**, un imprenditore che non fa parte delle solite famiglie che hanno scritto la politica americana, in poche parole un **self made man** che può portare delle novità e ridare all'America quello che le è mancato negli anni precedenti. Persone semplici che si affidano ad **una figura diversa**, ecco chi fa parte del MAGA Army.

C'è chi, negli anni seguenti, ha continuato a seguirlo, ma c'è anche chi si è sentito tradito e deluso. Eppure, il numero di questa parte è nettamente inferiore rispetto a quello di chi continua a sostenerlo, sia alle urne che economicamente.

Torniamo ancora indietro di qualche anno e cerchiamo di creare un identikit, più o meno omogeneo, dell'elettore e sostenitore di Donald Trump.

In uno degli ultimi numeri del National Journal, John Judis ha scritto[124] una spiegazione molto ponderata e storica del supporto straordinario che gli aderenti al Partito Repubblicano danno a Donald Trump. I *Trumpists*, come ha scritto Judis, sono costituiti principalmente da una fascia demografica di **"radicali americani medi"**, un termine inventato dal sociologo Donald Warren negli anni Settanta. Ciò che definiva i Middle American Radicals era un'ideologia che era "non convenzionalmente liberale né convenzionalmente conservatrice, ma ruotava invece attorno a un'intensa convinzione che la classe media fosse assediata dall'alto e dal basso", scrive Judis, riassumendo la ricerca di Warren. Erano **populisti bianchi**, **nazionalisti** e **pensavano di essere fregati** sia dai ricchi che dalle minoranze. Ma oltre alle loro opinioni, secondo Judis, i Middle American Radicals erano di **classe economica media**.

Judis ha ammesso, tuttavia, che "non ci sono stati sondaggi simili

---

[124] https://www.nationaljournal.com/s/74221/return-middle-american-radical

sui sostenitori di Trump, quindi tutto ciò su cui si può fare affidamento sono le reazioni delle persone e le interviste".

Il pezzo conteneva interviste con Trumpisti che sostenevano di essere americani medi e radicali.

Queste sono solo alcune delle caratteristiche che definiscono i **sostenitori di Trump**. Ma non sono tutte. Negli ultimi anni sono state effettuate molte ricerche in merito a chi veramente supporta il Tycoon. Quello che è emerso è che non sono realmente degli americani medi e radicali. In realtà, non sono affatto della classe media. Piuttosto, **sono della classe operaia**. Questo non combacia con le idee di Donald Warren, ma con quelle di un altro sociologo. I sostenitori di Trump, infatti, sono esempi di un fenomeno che Seymour Martin Lipset[125] ha definito "**autoritarismo della classe operaia**".

Per prima cosa, osserviamo nel dettaglio quello che sappiamo sui fan di Trump. È molto meno probabile che abbiano una laurea[126] rispetto a quelli che sostengono altri candidati repubblicani e guadagnano anche meno di 50.000 dollari l'anno. Inoltre, e questo contraddice davvero la teoria di Judis[127], si descrivono come "conservatori" *con tutto il cuore*.

Trump, in effetti, sin dai primi giorni del suo arrivo in politica, ha attirato a sé tanti conservatori quanti Ted Cruz, Marco Rubio, Ben Carson e Jeb Bush messi insieme. **Un sostenitore bianco con un livello di istruzione inferiore nella scala del reddito più basso** non è ciò che normalmente chiamiamo classe media: è più giustamente chiamato classe operaia. Ecco perché William Galston della Brookings Institution ha fatto alcune analisi specifiche e ha scritto[128] che "**Trump è il più fedele sostenitore della classe operaia bianca** che la politica americana abbia visto negli ultimi decenni".

Uniamo la loro classe con il loro auto-dichiarato conservatorismo

---

[125] https://www.jstor.org/stable/2089536?seq=1#page_scan_tab_contents

[126] https://www.washingtonpost.com/news/wonk/wp/2015/12/15/what-donald-trump-and-dying-white-people-have-in-common-2/

[127] https://www.washingtonpost.com/news/the-fix/wp/2015/12/15/who-really-supports-donald-trump-ted-cruz-ben-carson-marco-rubio-and-jeb-bush-in-5-charts/

[128] https://www.wsj.com/articles/trump-rides-a-blue-collar-wave-1447803248

e si otterranno le persone descritte da Lipset.

Sempre secondo Lipset, "**predisposizioni autoritarie e pregiudizi etnici** derivano più naturalmente dalla situazione delle classi inferiori che da quella delle classi medie e alte"[129]. Queste erano le persone che **formavano la base dei sindacati nazisti** (di cui Lipset scriveva nel 1959), i White Citizen's Councils nel sud dell'America segregata e i ribelli razziali in Inghilterra. Lipset nel suo articolo ha aggiunto che "i gruppi della classe operaia si sono rivelati il settore più nazionalista e sciovinista della popolazione. In un certo numero di nazioni, sono state chiaramente in prima linea nella lotta contro la parità di diritti per i gruppi minoritari e **hanno cercato di limitare l'immigrazione o di imporre standard razziali** nei paesi con immigrazione aperta"[130]. Questo descrive quasi perfettamente una manifestazione di Donald Trump.

La maggior parte dei commentatori conservatori è rimasta inorridita e disorientata dall'ardore che Trump ispira nella base repubblicana. "Per me, e sospetto per molti, il problema più grande è che Trump può rendere il GOP il partito dell'esclusione razziale e religiosa", ha scritto lo speechwriter di George W. Bush, Michael Gerson[131]. L'aggettivo *molti* sembra significare persone che Gerson conosce davvero, il che esclude la maggior parte dei sostenitori di Trump, che non sono pochi di numero. Per loro, la caratteristica del **GOP di Trump** è che sarebbe **il partito dell'esclusione radicale e religiosa.**

E questa è esattamente la previsione di Lipset: "Sia l'evidenza che la teoria suggeriscono che **gli strati inferiori** sono relativamente **più autoritari**, che saranno **più attratti verso un movimento estremista** che verso uno moderato e democratico e che, una volta reclutati, lo faranno non essere alienato dalla sua mancanza di democrazia, mentre

---

[129] https://www.jstor.org/stable/2089536?seq=1#page_scan_tab_contents

[130] https://www.jstor.org/stable/2089536?seq=1#page_scan_tab_contents

[131] https://www.washingtonpost.com/opinions/trumps-nomination-would-rip-the-heart-out-of-the-republican-party/2016/01/07/c9cb3f08-b49b-11e5-a842-0feb51d1d124_story.html

i sostenitori più istruiti o sofisticati tenderanno ad abbandonare[132]".

Ora, non tutti i sostenitori di Trump sono individui bianchi e della classe operaia e non tutti i bianchi della classe operaia sono sostenitori dell'ex presidente, ma più che considerare la maggior parte dei Trumpisti come americani medi radicali o addirittura un fenomeno unicamente statunitense, è più corretto vederli come gli ultimi di una lunga serie di **leader autoritari della classe operaia**.

UNA SECONDA SCUOLA DI PENSIERO: I SOSTENITORI DI TRUMP? È LA LORO VOCE POLITICA

Quando Donald Trump si affaccia alla politica americana, ma soprattutto quando inizia ad avere un'importante base elettorale, tutti i maggiori analisti si chiedono: **chi sono queste persone? Quali caratteristiche hanno?** Bianchi, operai, con o senza istruzione superiore?

A pochi mesi dalle elezioni del 2016 Derek Thompson, giornalista di The Atlantic, pubblica un articolo dal titolo: *"Who are Donald Trump's Supporters, really?[133]"*, ovvero **"Chi sono, veramente, i sostenitori di Donald Trump?"** Il sottotitolo: le teorie che spiegano l'ascesa di Trump.

Il primo pensiero che gran parte dei giornalisti fa allora è che si tratta di **elettori poco informati**, travolti da un moderno atto circense creato da un PT Barnum[134] dell'era dei mass media. Il secondo è legato all'identikit dell'elettore di Trump e si concentra sugli **aspetti demografici**: sesso, razza ed età.

A dicembre 2015, un'analisi del Washington Post[135] rileva che il

---

[132] https://www.jstor.org/stable/2089536?seq=1#page_scan_tab_contents

[133] https://www.theatlantic.com/politics/archive/2016/03/who-are-donald-trumps-supporters-really/471714/

[134] https://www.britannica.com/biography/P-T-Barnum

[135] https://www.washingtonpost.com/news/the-fix/wp/2015/12/15/who-really-supports-donald-trump-ted-cruz-ben-carson-marco-rubio-and-jeb-bush-in-5-

sostegno di Trump si vede tra **maschi, bianchi e poveri**. Il divario uomo-donna è di 19 punti percentuali (47% di sostegno tra gli uomini contro il 28% tra le donne). Il 50% dei suoi elettori guadagna meno di 50.000 dollari l'anno. Ma è solo dopo aver testimoniato le prime vittorie in alcuni stati di Donald Trump che gli analisti iniziano a capire veramente chi sono gli elettori del Tycoon.

NON HANNO UNA LAUREA

Le lauree sono ciò che Ron Brownstein chiama la "nuova faglia repubblicana"[136].

Nel 2012 Mitt Romney aveva lottato per mesi per consolidare la sua base elettorale perché, anche se aveva un chiaro sostegno tra i repubblicani con istruzione universitaria, se la cavava peggio tra gli elettori senza un *college degree*.

Sebbene gli **uomini bianchi senza un'istruzione universitaria** non abbiano subìto la stessa discriminazione storica dei neri o delle donne, la loro **sofferenza** non può essere immaginata. In una ricerca, The Hamilton Project[137] rileva che il **tasso di occupazione a tempo pieno degli uomini senza una laurea è sceso dal 76% nel 1990 al 68% nel 2013.**

Mentre negli ultimi venticinque anni i **salari reali** sono aumentati per uomini e donne con una laurea quadriennale o superiore, sono **diminuiti significativamente per gli uomini privi di un'istruzione universitaria.** Negli ultimi decenni gli uomini senza una laurea sono stati calpestati dalla globalizzazione, dalla dissoluzione dell'occupazione manifatturiera e da altri fattori.

---

charts/

[136] https://www.theatlantic.com/politics/archive/2016/01/the-new-republican-fault-line/436671/

[137] https://www.hamiltonproject.org/assets/legacy/files/downloads_and_links/Employment_Earnings_Occupations_Changes_1990-2013_FINAL_1.pdf

Non pensano di avere una voce all'interno della politica locale e nazionale

Se ci fosse una domanda per identificare un sostenitore di Trump senza essersi informati prima, quale potrebbe quindi essere? "Sei un bianco di mezza età che non si è laureato al college?" potrebbe essere un buon punto di partenza. Secondo un sondaggio di RAND Corporation[138], ce n'è una ancora migliore: **senti di non avere una voce in politica?**

RAND ha testato diverse domande per scindere chiaramente il sostegno di Trump dai suoi rivali. Ad esempio, hanno scoperto che Trump schiaccia Ted Cruz tra gli elettori che credono fermamente che "gli immigrati minaccino i costumi e i valori americani" e tra gli elettori che "sono fortemente favorevoli" all'aumento delle tasse sulle famiglie americane più ricche. Gli elettori che concordano con l'affermazione "le persone come me non hanno voce in capitolo su ciò che fa il governo" avevano l'86,5% in più di probabilità di preferire Trump. Questa **sensazione di impotenza e mancanza di voce** era un aspetto migliore per delineare i sostenitori di Trump rispetto a età, razza, rendimento scolastico, reddito, atteggiamenti nei confronti dei musulmani, immigrati illegali o identità ispanica.

Trump ha chiaramente giocato sulle paure degli estranei *non bianchi* paragonando gli immigrati messicani agli stupratori, promettendo di deportare gli immigrati illegali e di costruire un **muro tra gli Stati Uniti e le nazioni vicine**, impegnandosi a tenere i musulmani fuori dal paese durante la diaspora siriana e giocando un po' sul suo **rapporto con il Ku Klux Klan.**

Ma ha anche raccontato una semplice narrazione in tre parti per **attirare gli scoraggiati e delusi dalla politica**: l'America è in difficoltà; **Donald Trump è un vincitore**; e se Trump diventa presidente, **vince tutto il paese.** Questa teoria del cambiamento politico del **Grande Uomo**, tuttavia, colpisce gli altri e diventa potenzialmente pericolosa.

---

[138] https://www.rand.org/blog/2016/01/rand-kicks-off-2016-presidential-election-panel-survey.html

Vivono in aree del Paese con forte risentimento razziale

Prendiamo una mappa degli Stati Uniti e facciamo un segno rosso appena ad est dei fiumi Mississippi e Ohio: questo è il Paese di Trump. Secondo Nate Cohn del New York Times[139], che ha utilizzato i dati di Civis Analytics[140], **il sostegno di Trump è più forte dalla costa del Golfo**, attraverso gli Appalachi, **a New York**, tra i repubblicani marginalmente attaccati (forse ex democratici).

È una mappa familiare per alcuni demografi, poiché è simile a una **mappa** termica delle ricerche di Google **per insulti e battute razziali**. "Il fatto che il sostegno di Trump sia forte in aree simili non dimostra che la maggior parte o anche molti dei suoi sostenitori siano motivati da ostilità razziale", scrive Cohn. "Ma è coerente con la possibilità che almeno alcuni lo siano"[141].

Questi gli aspetti-chiave che descrivono i sostenitori di Trump. Un esercito che, soprattutto, lo sostiene economicamente dal 2015 e continua a farlo, nonostante tutto. In vista, soprattutto, del 2024.

MAGA Army: perché l'esercito di Trump è forte (e continua a crescere)

Partiamo da un elemento, ossia che Donald **Trump non ha mai smesso di ricevere denaro dai suoi sostenitori**: nel 2016, in occasione della sua prima campagna elettorale, quando era presidente, durante la campagna elettorale del 2020 e anche dopo le elezioni.

Mai.

Anche quando gli account social gli sono stati bloccati, il

[139] https://www.nytimes.com/2015/12/31/upshot/donald-trumps-strongest-supporters-a-certain-kind-of-democrat.html

[140] https://www.civisanalytics.com/

[141] https://www.nytimes.com/2015/12/31/upshot/donald-trumps-strongest-supporters-a-certain-kind-of-democrat.html

Tycoon non ha mai smesso di fare proseliti e ricevere importanti somme di denaro da tutta l'America e non solo. Da quando Twitter, Facebook e YouTube hanno cancellato e bloccato i suoi profili, **il mezzo di comunicazione di The Donald è l'e-mail**. O meglio, sono le numerose e-mail che, puntualmente, Trump invia quando un fatto lo tocca da vicino, come quando escono dichiarazioni sulla sua presidenza o quando vuole rendere pubblici endorsement a candidati repubblicani in vista delle prossime elezioni. Attraverso queste **mail**, **che non superano mai le dieci righe**, l'ex presidente fa **campagna elettorale**.

E non perde mai l'occasione di **ribadire che le elezioni del 2020 gli sono state rubate**. Su questo, bisogna dirlo, Donald Trump è sempre stato coerente, perché non ha mai smesso di ribadire questo concetto. Che poi, questa sua posizione sia condivisa solo in apparenza o meno, non lo sappiamo. Ciò di cui siamo a conoscenza è che **Donald Trump ha convinto tutti i suoi sostenitori che** nel 2020 **la vittoria di Joe Biden è stata un errore** e che, ora, alla Casa Bianca, ci dovrebbe essere lui, per un secondo mandato.

Per ricevere tutte le comunicazioni di Donald Trump basta andare sul suo sito, donaldjtrump.com, dove in ogni angolo possibile si legge il verbo "CONTRIBUTE" e cliccandoci sopra si può contribuire. L'offerta varia da $25 e arriva fino a 2500, ma su "Other" si può donare quanto si vuole. **Non c'è limite alla generosità**, soprattutto da parte dell'esercito di Trump.

Sì, perché i sostenitori dell'ex presidente fanno parte del **MAGA Army**, le milizie (non armate) del movimento Make America Great Again, che vuole ancora Donald Trump alla Casa Bianca e **non riconosce la legittimità della Presidenza Biden**. Un esercito che finanzia il suo *generale* in ogni possibile evento pubblico e che riceve le sue comunicazioni, proprio queste mail, interpretate quasi come una chiamata alle armi. In questo caso la **guerra** non è fisicamente sul campo, ma è fatta **di parole e posizioni**, perché l'obiettivo resta sempre creare e consolidare un gruppo talmente forte **da riportare Donald Trump alla Casa Bianca**.

Le e-mail arrivano nel primo pomeriggio italiano, quindi **nella mattinata** negli Stati Uniti. E questo, se torniamo indietro di qualche anno, è sempre stato il *modus operandi* **di Trump**: svegliarsi, **leggere i giornali** e gli articoli che parlano di lui e della presidenza Biden (per trovare ogni possibile critica da condividere con i suoi sostenitori), **scrivere i suoi pensieri e diffonderli online**. Prima lo faceva su Twitter senza alcun controllo (ricordiamo che Trump ha sempre usato il profilo personale come fonte principale per le comunicazioni mentre dal profilo della presidenza semplicemente ritwittava quanto pubblicato sul suo account donaldjtrump, ora cancellato e bloccato), adesso lo fa attraverso **mail mirate e controllate dal suo staff**.

I **toni**, però, restano gli stessi: **incisivi**, spesso **aggressivi**, di critica nei confronti di chi lo attacca, ma anche **amorevoli per i candidati che decide di sostenere**. Qualche mese fa, però, sono rimasta stupita del fatto che avesse inviato una sua comunicazione in cui ringraziava un giornalista del Wall Street Journal. Jason J.Riley, infatti, aveva da poco pubblicato un articolo dal titolo "The Trump boom lifted Black Americans"[142] in cui spiegava come, prima della pandemia, l'economia della Presidenza Trump avesse dato importanti benefici economici agli afroamericani. Un **gesto**, quello del **ringraziare i giornalisti**, che **poche volte Trump ha fatto**. Gli capita, infatti, di **dire grazie a chi scrive bene di lui**, ma sono occasioni rare e soprattutto mirate ad esaltare il lavoro di giornalisti di Fox News e Newsmax, quest'ultima rete ultraconservatrice americana, da sempre al suo fianco.

L'aspetto interessante di queste comunicazioni via mail è che arrivano con una frase all'inizio di ogni comunicazione: Statement by Donald J. Trump, 45th President of the United States of America. **Comunicazione di Donald J. Trump, 45mo Presidente degli Stati Uniti d'America.**

---

[142] https://www.wsj.com/articles/the-trump-boom-lifted-black-americans-unemployment-rate-education-real-wages-upward-mobility-economic-growth-biden-equity-11643389476?utm_medium=email&utm_source=ncl_amplify&utm_campaign=20220213-icymi_the_trump_boom_lifted_black_americans&utm_content=ncl-dCfDrPypsZ&_nlid=dCfDrPypsZ&_nhids=P2v5TjB6yW

E poi c'è un acronimo costante: ICYM, *in case you missed it*, nel caso in cui l'avessi perso… Donald Trump ti ricorda cosa è successo. Nulla è lasciato al caso. Nulla viene disperso. Ogni occasione, ogni donazione, ogni parola è fondamentale.

Ma torniamo nella **primavera del 2020**, quando questo **sito**, Army for Trump, **è ufficialmente online**. Trump è in piena campagna elettorale e cerca di aumentare il bacino dei suoi **sostenitori. Lui li chiama soldati**, perché parte **di un esercito ideale**, quello che, in pochi mesi, diventerà il VERO esercito di Trump, **Army for Trump**, come lo chiama lui stesso, ma anche come si fanno chiamare i suoi sostenitori. Poi, da Army for Trump a **MAGA Army** il passo è breve. Ed è così che si arriva all'*esercito Make America Great Again*, il **motto** che Trump ha usato durante le campagne elettorali del 2016 contro Hillary Clinton, del 2020 contro Joe Biden e con alta probabilità anche nel 2024, ma questa storia è ancora tutta da scrivere. Il MAGA Army è un esercito, è bene ricordarlo, pronto a difendere il suo capo in ogni momento ma anche a marciare in sua difesa a Capitol Hill, il 6 gennaio 2021.

Un dibattito, quello sull'**ascesa delle milizie armate in America**, quelle vere, che è in forte crescita, soprattutto dopo che le diffuse proteste estive hanno portato in primo piano gruppi di estrema destra come i Boogaloo Bois. Le milizie sono state accusate di incitare alla violenza e di aver contribuito alle proteste in città come Portland, nell'Oregon, che spesso si trasformano in violente rivolte. La minaccia delle milizie su entrambi i lati dello spettro politico sta attirando l'attenzione delle forze dell'ordine e dell'FBI, e il Dipartimento per la sicurezza interna e il Dipartimento di giustizia avvertono tutti della minaccia che queste milizie estremiste rappresentano per la sicurezza della nazione.

Torniamo a Trump e al suo **MAGA Army**, nato nel 2020, che **continua a crescere** e che fa crescere – economicamente – i conti di The Donald. Come? Attraverso il **sostegno dei cittadini**, i Middle Class Americans che si sentono parte essenziale di questo esercito, ma anche attraverso **i PAC**.

Il MAGA Army e il super PAC di Trump

L'esercito che sostiene Donald Trump non è soltanto composto da persone, ma soprattutto da **strutture che gli permettono di raccogliere denaro**. Perché senza introiti economici non si possono fare campagne elettorali e non si possono vincere le elezioni. Il riferimento è ai **PAC, ovvero i *Political Action Committee*, comitati politici organizzati** per raccogliere e investire denaro per eleggere e sconfiggere i candidati del partito opposto.

Esistono **tre tipi** di PAC[143]:

- PAC **federali** senza sponsor aziendale che danno contributi ai candidati federali;
- PAC **di leadership** formati da un candidato o da un funzionario;
- PAC **federali sponsorizzati da una partnership** o da una LLC (o qualsiasi altro tipo di entità commerciale senza personalità giuridica) che sostengono candidati federali.

MAGA, Again! non è solo un PAC, bensì **un super PAC**, creato quando il controllo del super PAC Trump è passato all'ex procuratore generale della Florida Pam Bondi da Corey Lewandowski, dopo che Lewandowski era stato accusato da una sostenitrice di Trump di avances sessuali indesiderate[144]. Nel gruppo è coinvolta anche Kimberly Guilfoyle, presidente della finanza nazionale di Trump, nonché fidanzata ufficiale di Donald Trump Jr. L'ex super PAC controllato da Lewandowski, Make America Great Again Action, ha trasferito il suo saldo residuo di circa 5,7 milioni di dollari al nuovo gruppo nell'ottobre 2021.

Il super PAC dell'ex presidente Donald Trump ha raccolto oltre 4,3 milioni di dollari dai donatori negli ultimi tre mesi del 2021, secondo un nuovo rapporto finanziario della campagna pubblicato

[143] https://www.fec.gov/help-candidates-and-committees/registering-pac/types-nonconnected-pacs/

[144] https://www.politico.com/news/2021/09/29/lewandowski-fired-sexual-misconduct-allegations-514774

lunedì 31 gennaio[145]. Sostenuto principalmente da donazioni di oltre 25.000 dollari, Make America Great Again, Again! ora vanta un saldo di circa 9,5 milioni di dollari in vista delle elezioni di metà mandato di novembre, quando il gruppo potrebbe spendere milioni per sostenere l'ex presidente.

I **principali donatori** del super PAC sono stati **Tranquil Path Investments, LTD,** del Texas, **e ML Organization, LLC,** della Florida, che hanno entrambi donato 500.000 dollari. Nessuno dei due gruppi ha mai fatto una donazione politica federale prima, secondo la Commissione elettorale federale.

Dopo le due holding, dieci donatori hanno offerto 250.000 dollari, incluso il rappresentante dello stato del Texas David Mayes Middleton II, che è anche presidente della Middleton Oil and Gas Company. I repubblicani Jose Fanjul della Florida, Saul Fox della California, Don Ahern del Nevada, Elaine Beck dell'Arizona, Holloway Frost del Texas, Diane Hendricks del Wisconsin, Leslie Liautaud del Tennessee, Anthony Lomangino della Florida e Kenny Troutt del Texas hanno donato ciascuno 250.000 dollari.

Trump ha dato il suo **endorsement a 52 candidati alla Camera e al Senato** degli Stati Uniti quest'anno, oltre a molti altri candidati alla carica di ballottaggio in tutto il paese, che nel 2022 potrebbero ottenere il sostegno del super PAC.

Ma la spesa del super PAC non è iniziata sul serio, infatti, le spese maggiori nel 2020 sono arrivate per la pianificazione e la consulenza di eventi, le spese legali e i sondaggi, oltre a diversi fatturati minori dalle attività di Trump.

LA SITUAZIONE, OGGI, NELLE CASSE DI TRUMP

L'operazione politica di Donald J. Trump **ha raccolto oltre 51 milioni di dollari nella seconda metà del 2021.** L'ex presidente ha continuato a dominare il panorama della raccolta fondi repubblicana

---

[145] https://docquery.fec.gov/cgi-bin/forms/C00790477/1564352

nel suo primo anno fuori dalla Casa Bianca. **Il bottino complessivo di Trump all'inizio del 2022 è stato di 122 milioni di dollari** – più del doppio della liquidità in mano dello stesso Comitato Nazionale Repubblicano – mentre continuava a sollecitare i suoi sostenitori online con lo stesso ritmo e intensità di quando era *effettivamente* in campagna elettorale.

L'enorme somma offre a Trump un **vantaggio** inestimabile **se dovesse candidarsi di nuovo** alla Casa Bianca. Trump rimane, di gran lunga, la **figura più popolare nel suo partito tra gli elettori repubblicani**, ma il suo vantaggio contro ipotetici sfidanti nel 2024, in particolare il governatore Ron DeSantis della Florida, si è ristretto negli ultimi mesi mentre affronta nuove sfide per il suo ruolo come leader indiscusso del partito[146].

Mentre i suoi 122 milioni di dollari sono archiviati in conti federali che legalmente non possono essere spesi per una corsa presidenziale, **regole vaghe gli consentono di finanziare completamente la sua operazione politica** per ora, incluso il pagamento di manifestazioni, pubblicità televisive e persino denaro diretto alle proprie attività.

I registri federali mostrano che Trump ha **speso** quasi 1,5 milioni di dollari dal suo principale conto politico, il Save America PAC, con la società che organizza le sue **manifestazioni**. Altri 1,3 milioni di dollari sono stati spesi per gli **annunci di Facebook**. Sebbene il social network abbia bandito Trump all'inizio del 2021, lui continua a pagare per la sua pubblicità.

Il Save America PAC ha speso altri 517.000 dollari sui costi del personale e più di 100.000 sulla Trump Hotel Collection, per alloggio, pasti e canoni di affitto della struttura, secondo quanto mostrano i registri federali[147].

Il ritmo di raccolta fondi di Trump è **rallentato** rispetto alla prima metà del 2021, quando ha raccolto 56 milioni di dollari online. Mr Trump ha raccolto meno negli ultimi sei mesi dell'anno, anche se non ha raccolto attivamente fondi per la maggior parte di gennaio

[146] https://www.nytimes.com/2022/01/31/us/politics/trump-grip-republicans-polls.html

[147] https://docquery.fec.gov/cgi-bin/forms/C00790477/1564352

e febbraio del 2021. Dopo la rivolta al Campidoglio, aveva sospeso l'invio di richieste di denaro.

Il team di Trump ha annunciato di aver elaborato oltre 1,6 milioni di donazioni negli ultimi sei mesi del 2021, con un contributo medio di 31 dollari. In vista delle elezioni di metà mandato di quest'anno, Trump ha già dato il suo endorsement a più di 100 candidati a livello nazionale (tra questi c'è anche **Sarah Palin**, ex governatrice dell'Alaska, candidata alla vicepresidenza con John McCain nel 2016, anno in cui venne eletto Barack Obama), da quelli che si candidano ai seggi che vanno dai legislatori statali ai segretari di stato ai senatori degli Stati Uniti. Ha anche usato parte dei suoi fondi, inviando gli assegni ai candidati a cui ha dato il suo sostegno politico. Questi assegni sono spesso accompagnati da lettere che i candidati spesso pubblicano con orgoglio sui social media.

Nel complesso, **il suo team ha affermato di aver dato contributi per 1,35 milioni dollari a candidati** che ha appoggiato e a "cause che hanno il suo stesso pensiero". La più grande è stata una **donazione di 1 milione di dollari al Conservative Partnership Institute**, di cui l'ex capo dello staff di Trump, Mark Meadows, è partner senior.

Taylor Budowich, portavoce di Trump, ha affermato che il **bottino di raccolta fondi** non **influenzerà** solo i termini per le consultazioni di metà mandato, ma anche **le elezioni del 2024**, quando Trump potrebbe ricandidarsi. "Il presidente Trump è incredibilmente ben posizionato per guardare oltre novembre: la sua leadership non è mai stata così importante", ha affermato Budowich in una nota[148].

Oltre ai suoi comitati politici, Trump ha raccolto fondi per un super PAC alleato chiamato **Make America Great Again, Again! Inc.** A dicembre ha tenuto una piccola cena per i super donatori del PAC nel suo club privato della Florida, Mar-a-Lago. I posti sono stati fissati a 125.000 dollari a persona, 250.000 per una coppia. Tra i donatori che hanno dato 250.000 dollari al super PAC di Trump troviamo Jose Fanjul, uomo d'affari dello zucchero, Saul Fox, un

---

[148] https://www.cnbc.com/2022/02/01/trump-gave-1m-to-meadows-nonprofit-weeks-after-jan-6-panels-creation.html

investitore di private equity e Dianne Hendricks, che è diventata una miliardaria vendendo materiale abitativo.

Il super PAC ha chiuso il 2021 con 9,5 milioni di dollari in banca. Spesi 1.438,40 a Mar-a-Lago a dicembre, più 10.105,09 al golf club di Mr. Trump a Palm Beach. Questi i dati federali.

È pur vero che Donald Trump, per finanziare i suoi conti, in periodi elettorali e non, ha usato anche altri metodi. E tutto è partito da un'inchiesta realizzata da Shane Goldmacher, giornalista del New York Times.

Un esercito "inconsapevole". Attraverso donazioni non autorizzate e ricorrenti Donald Trump ha finanziato (anche) la campagna elettorale nel 2020

Secondo **un'inchiesta di Shane Goldmacher**, giornalista del **New York Times**, a chi faceva una donazione online per sostenere la campagna di Donald Trump nell'autunno 2020 veniva automaticamente addebitata la stessa somma ogni settimana.

Senza saperlo.

In sostanza, si trattava di **donazioni inconsapevoli e ricorrenti**.

Le richieste di rimborso sono poi aumentate, come del resto i reclami a banche e società di carte di credito, ma quei soldi hanno aiutato la campagna elettorale di Donald Trump a restare a galla[149].

La storia di Stacy Blatt

63 anni, l'uomo vive in un ospizio di Kansas City e ha una pensione di circa mille dollari al mese con cui deve pagare le spese mediche per curare un cancro. Nonostante tutto, però, a settembre 2020, dopo aver ascoltato un discorso alla radio di Rush Limbaugh che chiedeva

---

[149] https://www.nytimes.com/2021/04/03/us/politics/trump-donations.html

di fare una donazione per la campagna elettorale di Donald Trump, decide di dare il suo sostegno economico.

Invia online 500 dollari, una cifra molto importante visti i suoi introiti. Un contributo, però, che si moltiplica rapidamente. La stessa cifra viene prelevata dal suo conto il giorno seguente, la settimana successiva e con cadenze settimanali fino a metà ottobre. Tutto a sua insaputa, fino a quando il conto di Blatt viene bloccato.

Ciò che Stacy scopre insieme al fratello Russell è che i responsabili della raccolta fondi per la campagna elettorale di Trump hanno prelevato 3000 dollari dal conto dell'uomo in meno di 30 giorni.

CHE COS'È SUCCESSO

Rivolgendosi alla banca, convinto di essere stato vittima di una frode, Blatt scopre ciò che era successo: uno **schema intenzionale per aumentare i ricavi** della campagna Trump e della società a scopo di lucro che aveva elaborato le sue donazioni online, WinRed.

In sostanza, **inviando del denaro si compila anche una scheda** che, al suo interno, **ha una clausola** (scritta in caratteri molto piccoli e di difficile lettura) **che autorizza l'addebito della stessa cifra con cadenze regolari.**

Questo disclaimer si compila **automaticamente.** Lo si può disattivare, certo, ma essendo in fondo al modulo e di difficile lettura, **nessuno se ne accorge.**

Sempre secondo l'inchiesta del New York Times, questo sistema è diventato più opaco con il passare dei mesi. **Disclaimer scritto con caratteri ancora più piccoli, difficile da vedere** tra le mille informazioni che venivano date.

E chi donava vedeva il suo conto diminuire, settimana dopo settimana. Per farla breve, i donatori davano l'autorizzazione a questo sistema, ma senza esserne a conoscenza.

LE RICHIESTE DI RIMBORSI

Negli ultimi due mesi e mezzo del 2020, la campagna Trump, il Comitato Nazionale Repubblicano e i loro conti condivisi hanno emesso **più di 530.000 rimborsi**, per un valore di 64,3 milioni di dollari a donatori online.[150]

Tutte le campagne effettuano rimborsi per vari motivi, comprese le persone che danno più del limite legale, ma la somma rimborsata dall'operazione Trump ha sminuito quella della campagna di Joseph R. Biden Jr. e dei suoi equivalenti comitati democratici, che hanno effettuato 37.000 rimborsi online per un totale di 5,6 milioni di dollari in quel periodo.

Le donazioni ricorrenti hanno gonfiato il tesoro di Trump a settembre e ottobre, proprio mentre le sue finanze si stavano deteriorando. È stato quindi in grado di utilizzare decine di milioni di dollari raccolti dopo le elezioni con il pretesto di combattere le frodi infondate, **per coprire i rimborsi che doveva restituire.**

In effetti, il denaro che il Tycoon alla fine ha dovuto rimborsare ammontava a un prestito senza interessi da parte di venditori inconsapevoli e **da tempo utilizzava stratagemmi** come scatole pre-controllate **per indirizzare i consumatori americani verso acquisti indesiderati**, come gli abbonamenti alle riviste. Ma i sostenitori dei consumatori hanno affermato che il dispiegamento della pratica sugli elettori nel calore di una campagna presidenziale – a tale volume e con ritiri ogni settimana – ha avuto ramificazioni molto più gravi.

Gli strateghi politici, gli operatori digitali e gli esperti di finanziamento delle campagne hanno affermato di non poter ricordare di aver **mai visto rimborsi su tale scala**. Il signor Trump, il R.N.C. e i loro conti condivisi hanno rimborsato molti più soldi ai donatori online nell'ultimo ciclo elettorale di ogni candidato democratico federale e comitato nel paese messi insieme.

---

[150] https://www.nytimes.com/2021/04/03/us/politics/trump-donations.html

Il MAGA Army "consapevole" è pronto a votare Trump nel 2024?

La risposta immediata è sì, voterebbe per lui. Ma **c'è anche chi** ha offerto ingenti somme di denaro, visibilità e molto ancora che **non è così sicuro di poterlo sostenere oltre.**

Guardando alla prima campagna elettorale di Trump nel 2016, Sean Hannity, Ann Coulter e i membri del cast di Fox & Friends, solo per citarne alcuni, hanno sostenuto la candidatura del miliardario newyorkese con i loro telespettatori e lettori.

Ma in un periodo di possibile e potenziale cambiamento, uno di questi devoti sembra vacillare.

Laura Ingraham, che ha sostenuto con fervore Trump in passato, **sembra non** essere **intenzionata ad impegnarsi nel 2024**. "Non sto dicendo che sono ancora lì per lui", ha detto Ingraham durante un'intervista al Northern Virginia Magazine, rispondendo alla domanda se sosterrà Trump nel 2024[151] "ma penso che, se si candiderà o meno, le sue politiche hanno funzionato. Il progetto politico di Trump, ottimista e lungimirante, ricco di politiche pro-America, quel progetto, senza dubbio, sta vincendo". Questi ultimi commenti di Ingraham sono arrivati settimane dopo la pubblicazione dei messaggi di testo che aveva inviato a Mark Meadows il 6 gennaio, in cui aveva **espresso un chiaro disagio per la rivolta del Campidoglio.** Trump "deve dire alla gente in Campidoglio di andare a casa. Questo **sta danneggiando tutti noi.** Sta distruggendo la sua eredità", aveva esortato all'allora capo di stato maggiore della Casa Bianca[152].

Ingraham non è l'unica ad aver modificato le sue idee. **Ann Coulter**, autrice del libro *In Trump We Trust: E Pluribus Awesome!*[153], **ha reso nota la sua delusione** per la presidenza Trump da un po'di

[151] https://northernvirginiamag.com/culture/culture-features/2022/01/14/laura-ingraham/

[152] https://january6th.house.gov/news/press-releases/thompson-cheney-opening-statements-select-committee-business-meeting-1

[153] https://www.newsweek.com/trump-has-screwed-his-voters-repeatedly-ann-coulter-trump-we-trust-author-861021

tempo. Recentemente ha iniziato a dichiarare apertamente la fine della sua vita politica. **"Trump è finito"**, ha detto Coulter al New York Times[154].

C'è quindi **chi vede** la carriera politica di Trump al **capolinea** e c'è **chi**, invece, in questo suo periodo di passaggio/attesa ne **vede** solo **una rinascita.**

---

[154] https://www.nytimes.com/2022/01/16/us/politics/trump-desantis.html

Capitolo VIII

TUTTE LE DONNE DEL (EX) PRESIDENTE

CAPITOLO VIII

TUTTE LE DONNE DEL (EX) PRESIDENTE

Non lo vedono come un uomo finito. E sono certe che questo periodo lontano dalla Casa Bianca (ma non dalla politica, visto che la sua presenza è costante, seppur lontano da Washington) sia necessario per **costruire un Trump 2.0**. O meglio: un Presidente Donald Trump 2024. Parliamo di **tutte le donne che seguono, ma anche consigliano l'ex Commander in Chief.**

Le più vicine a lui sono **poche, fidate, fedelissime** e soprattutto **familiari**, perché proprio parte della famiglia Trump. E se non lo sono biologicamente, ne fanno parte per condivisione di ideali e per il **sostegno incondizionato** dato in questi ultimi anni.

Una fiducia costruita nel tempo, ancor prima che Donald Trump si candidasse nel 2016.

Una su tutte **la figlia preferita, Ivanka**, che ha avuto un ruolo anche all'interno dell'amministrazione Trump. Ma anche **Kimberly**

Guilfoyle, ex giornalista di Fox News, ora **fidanzata ufficiale di Donald Trump Jr**, primogenito del Tycoon. E se guardiamo a chi ha sempre difeso e sostenuto il 45° Presidente, anche con forti scontri all'interno della sua famiglia (figlia adolescente compresa!), vediamo in prima fila **Kellyanne Conway**, con Trump già dalla prima campagna presidenziale.

Donne che ancora oggi gli sono vicine, e **contano di ritornare in prima fila proprio dalle elezioni di metà mandato**. All'appello, ma solo all'appello "pubblico", manca Hope Hicks, direttrice della comunicazione di Trump fino a dicembre 2020, ma sembra che anche lei, dopo alcuni mesi lontana dalla scena pubblica, possa tornare. Come e quando non si sa, ma potrebbe avere un nuovo ruolo nell'entourage Trump.

Ricordiamoci sempre che il Tycoon, il 20 gennaio 2021, aveva detto **"we will be back soon"**, ovvero **torneremo** presto. Quel **plurale fa pensare che non sarebbe stato solo**. E se ad oggi, per quanto riguarda la sua presenza, Trump è stato di parola, per rivedere tutte le "sue" donne basterà soltanto attendere un po' di tempo.

Di **Melania Trump**, moglie dell'ex presidente, si sa molto poco: trasferitasi in Florida con il marito, svolge pochissime attività pubbliche e sembra dedicare quasi tutto il suo tempo al figlio Barron. E **non sembra molto intenzionata** a sostenere pubblicamente The Donald in un'altra potenziale campagna elettorale. Ma tutto è ancora possibile e le idee si possono sempre cambiare.

Tre, quindi, le **figure femminili chiave** nella vita politica e personale di Donald Trump. Con loro il miliardario newyorkese è partito e da loro vuole ricominciare. Ma soprattutto vuole **lanciare un messaggio a tutte le altre donne**, per avere un **sostegno ancora più ampio**. E se da un lato **un'ampia parte della popolazione femminile statunitense non vuole il ritorno di Donald Trump** alla Casa Bianca, soprattutto **per tutte le denunce di violenze sessuali** che il Tycoon ha ricevuto negli anni, accuse che il miliardario ha respinto[155],

---

[155] https://abcnews.go.com/Politics/list-trumps-accusers-allegations-sexual-misconduct/story?id=51956410

altre, invece, continuano a supportarlo. Nonostante tutto. E non solo per le denunce, ma anche **per i toni sprezzanti** che ha spesso usato in occasioni pubbliche, esternazioni non passate di certo inosservate, che hanno chiesto un immediato "salvataggio" da parte, proprio, della figlia Ivanka[156].

Sapevate, però, che esiste anche **"Women for Trump"**, un'organizzazione interamente femminile pro The Donald e che, **nella scorsa campagna elettorale** per le presidenziali, secondo i dati raccolti dal Center for Responsive Politics[157], **quasi la metà dei proventi dei primi tre mesi del 2019 arrivava da donne**? Tutto vero, e questo sottolinea anche un **aumento significativo** rispetto al 2016, quando il **sesso femminile** rappresentava poco più di un quarto dei suoi contributi elettorali, e ben al di sopra della norma per i moderni candidati presidenziali del GOP.

È pur vero che, nonostante i numeri abbiano visto un leggero aumento del sostegno a Trump tra le elettrici, **i sondaggi continuano a mostrare un pronunciato divario di genere** nel tasso di approvazione dell'ex presidente, **proprio per le numerose indagini e azioni legali** che lo coinvolgono in presunti atti di **adulterio e aggressione sessuale**.

Le "donne del presidente", però, non prestano attenzione alle accuse e vanno avanti: l'obiettivo è riportare Donald Trump alla Casa Bianca. Partiamo dalla più amata e dalla più importante: **Ivanka, primogenita e figlia più adorata in assoluto** da The Donald che, in ogni occasione pubblica, non hai perso l'occasione per mostrarlo.

Ivanka **ha sempre difeso e sostenuto il padre**, in ogni occasione. Ed è ancora **l'unica che gli può dire: "Dad, you're wrong"** – *papà, sbagli* (Ivanka non lo ha mai chiamato *presidente*, ma si è sempre avvicinata a lui dicendo "papà". Solo lei poteva farlo alla Casa Bianca). Ha lavorato con lui a Washington ma, al termine della presidenza, si è trasferita in Florida, lontano dai riflettori della politica. Non

[156] https://www.voanews.com/a/ivanka-trump-defends-presidents-stance-toward-women-/3824675.html

[157] https://www.opensecrets.org/news/2019/04/who-are-women-donors-putting-their-money-behind-not-just-the-democratic-women/

ha una vita particolarmente social, negli ultimi mesi ha pubblicato pochissime foto che raccontano ciò che sta facendo. Non dà segnali di interessamento alla vita politica, ma in molti pensano che proprio questo silenzio possa essere il segnale perfetto di una **preparazione ad un progetto politico** tra un po' di tempo.

Ma andiamo con ordine e cerchiamo di capire perché Ivanka (insieme al marito Jared) è così influente sul padre Donald.

IVANKA

Lei è la *Daddy's little girl*, la figlia di papà. Ma in un articolo pubblicato sul Washington Post il 16 dicembre 2016 (quindi il mese successivo alla proclamazione di Donald Trump a 45° presidente americano), Kate Andersen Brower definiva Ivanka, prima figlia femmina di The Donald, "la **donna più importante della Casa Bianca a guida Trump**", aggiungendo "che sarebbe stata la **First Lady più potente** mai vista"[158]. A presidenza terminata, le parole di Andersen Brower suonano come una profezia che si è avverata.

Nulla di più corretto: **Ivanka**, sin dal primo giorno della presidenza Trump, **è stata la figura femminile più importante alla Casa Bianca** e, seppur senza il ruolo ufficiale, è stata la First Lady più potente. Quest'ultimo aspetto ha creato molte **divergenze con Melania Trump** che, nei quattro anni a Washington, non ha mai gradito la presenza costante della figliastra, o almeno, lo ha fatto soltanto di facciata.

Secondo il libro "Melania and Me: The Rise and Fall of My Friendship with the First Lady", scritto da Stephanie Winston Wolkoff, amica ed ex collaboratrice di Melania Trump, il **giorno dell'insediamento** di The Donald ci sarebbe stata anche l'**operazione "Block Ivanka"**[159], ovvero far sì che Ivanka non fosse presente nelle

[158] https://www.washingtonpost.com/posteverything/wp/2016/12/16/ivanka-trump-could-be-the-most-powerful-first-lady-ever/
[159] https://edition.cnn.com/2020/08/27/politics/melania-trump-ivanka-trump-wolkoff-book/index.html

foto ufficiali del padre. Questo ovviamente non è accaduto, ma rende l'idea dei **rapporti difficili tra le due First Ladies**, sin dal giorno uno della presidenza Trump.

Donald Trump ha sempre ascoltato la figlia Ivanka e il **marito Jared Kushner**, a cui ha affidato il ruolo di **consiglieri**, ma **senza stipendio**. Sposati dal 2009, tre figli – Arabella, Joseph e Theodore – in qualità di assistenti presidenziali[160] **sono stati spesso criticati per la loro mancanza di qualifiche** e per il modo in cui hanno unito affetti personali e a questioni professionali.

Chi, invece, li ha difesi, ha sottolineato come The Donald abbia fatto una campagna esplicitamente sulla sua storia di uomo d'affari e sul **messaggio di essere un estraneo e di adottare un approccio non convenzionale al governo** (che gli ha garantito la vittoria, nel 2016). Arrivati nella capitale, avevano convinto molti osservatori che **sarebbero stati la voce "moderata" nella West Wing. Ma così non è stato.** E quando la campagna per le presidenziali 2020 era in pieno svolgimento, tutte le speranze liberali che Ivanka aveva portato con sé a Washington erano svanite da tempo.

"Per la prima volta, un presidente ha denunciato l'ipocrisia di Washington, e tutti lo odiano per questo", ha detto durante la Convention Repubblicana. **"Papà, le persone ti attaccano perché non sei convenzionale, ma io ti amo perché sei reale.[161]"**

Una posizione molto chiara, quella di **Ivanka**, che per assumere il ruolo di consigliere politico **si è dovuta dimettere dalla carica nella sua linea di moda** e dalla Trump Organization, lasciando l'azienda nelle mani dei fratelli[162].

Ma, in concreto, quale ruolo ha avuto Ivanka alla Casa Bianca, oltre

---

[160] https://edition.cnn.com/2017/03/29/politics/ivanka-trump-white-house-job/index.html

[161] https://www.nytimes.com/2020/11/24/us/politics/ivanka-jared.html

[162] https://www.businessinsider.com/ivanka-trump-bio-life-fun-facts-2017-3?r=US&IR=T#after-the-election-ivanka-and-jared-moved-to-dc-and-both-relinquished-control-of-their-many-business-ventures-she-stepped-down-from-her-fashion-line-and-the-trump-organization-leaving-the-company-in-her-brothers-hands-27

ad essere la voce più ascoltata dall'ex presidente Donald Trump? Il **portfolio di Ivanka Trump è stato ricco** di dossier-chiave: ha gestito il tema dell'emancipazione economica delle donne e le questioni relative alla gestione delle famiglie in cui le mamme lavorano, lo sviluppo della forza lavoro e la promozione dell'istruzione STEM e la lotta alla tratta di esseri umani.

Ha viaggiato moltissimo, in America e all'estero, per conoscere le migliori strutture in cui la formazione basata sulle competenze crea posti di lavoro, inclusa una visita alle Walmart Academies in Texas, una struttura di formazione UPS in Georgia e un centro di formazione professionale Siemens in Germania.

Parte di quell'iniziativa di **sviluppo della forza lavoro** ha incluso la **creazione del Pledge to America's Workers**, che ha ricevuto impegni per lavori basati sulle competenze da oltre 200 aziende e associazioni, relazioni per cui Trump ha lavorato per costruire.

Ha anche guidato la direzione del presidente di un investimento di 200 milioni di dollari dal Dipartimento dell'Istruzione per **estendere l'istruzione STEM e informatica nelle scuole**. Si è occupata di **emancipazione femminile** e ha contribuito a un'iniziativa da oltre 1 miliardo di dollari con la Banca Mondiale nel 2017, progetto con l'obiettivo di **promuovere l'imprenditoria femminile nei paesi in via di sviluppo**.

Quando il presidente della Banca Mondiale Jim Yong Kim si è dimesso, le è stato affidato il compito di scegliere il suo sostituto. Ma **ha anche indossato gli abiti di diplomatico**, incontrando leader mondiali e **viaggiando all'estero in rappresentanza dell'Amministrazione Trump**, compresi viaggi in India, Corea del Sud, Germania e Giappone[163].

Ha commesso **alcuni errori**, come **restare in silenzio davanti alle immagini dei bambini separati dalle madri alla frontiera con il Messico**, limitandosi a rilasciare un comunicato stampa in cui ha detto di "aver discusso quanto accaduto con il padre"[164], come ha

[163] https://edition.cnn.com/2019/03/06/politics/ivanka-trump-security-clearance-white-house/index.html

[164] https://edition.cnn.com/2018/06/19/politics/ivanka-trump-separations-

detto Hogan Gidley, l'allora addetta stampa della Casa Bianca. Ma **l'inciampo più difficile** da gestire è relativo al suo comportamento, e coinvolgimento, **il 6 gennaio 2021**, giorno dell'assalto a Capitol Hill.

Durante la manifestazione davanti a Capitol Hill, che ha poi portato tanti dei presenti a forzare la sicurezza delle istituzioni americane e a entrare fisicamente in Campidoglio, **a pochi centimetri dal monitor in cui Donald Trump stava guardando quello che stava succedendo, c'era proprio Ivanka** Trump, che indossava un lungo trench nero identico a quello di suo padre. Tornati alla Casa Bianca, e dopo aver twittato un messaggio poi cancellato per aver inavvertitamente scritto *patrioti*[165] (American Patriots, any security breach or disrespect to our law enforcement is unacceptable. The violence must stop immediately. Please be peaceful – *Patrioti americani, qualsiasi violazione della sicurezza o mancanza di rispetto per le nostre forze dell'ordine è inaccettabile. La violenza deve cessare immediatamente. State tranquilli*), Ivanka **ha cercato** in più occasioni **di dire al padre di far fermare le violenze, senza risultato.**

Da qui, mesi e mesi dopo, le trattative per raccontare (su richiesta della Commissione stessa) alla Commissione ad hoc sulle violenze del 6 gennaio il suo ruolo in quella giornata. La notizia è stata data dal New York Times[166]. Vale la pena soffermarsi su ciò che Ivanka Trump potrebbe dire, se collaborasse seriamente. **Potrebbe aiutare a chiarire le linee che collegano il tentativo fallito di Donald Trump di organizzare un colpo di stato** procedurale e il violento colpo di stato che i suoi sostenitori hanno tentato di perpetrare per suo conto.

Nella lettera inviata a Ivanka Trump dalla Commissione d'inchiesta del 6 gennaio[167], si legge esplicitamente che, **secondo un**

---

immigration/index.html

[165] https://www.latimes.com/politics/story/2022-02-18/trump-white-house-didnt-preserve-social-media-records-national-archives-warns

[166] https://www.nytimes.com/2022/02/23/us/politics/ivanka-trump-jan-6-committee.html

[167] https://january6th.house.gov/sites/democrats.january6th.house.gov/files/2022-1-20.BGT%20Letter%20to%20Ivanka%20Trump%20-%20Cover%20Letter%20and%20Enclosures_Redacted%202.pdf

testimone, **lei si trovava nello Studio Ovale quando Donald Trump ha chiamato il suo vicepresidente**, Mike Pence, **e lo ha esortato a ribaltare le elezioni**, invalidando i voti di Joe Biden. La lettera afferma che la **Commissione è "particolarmente interessata" alle discussioni** avvenute prima e dopo che Trump ha inviato un tweet alle 14:24, in cui ha informato i sostenitori che "Pence non ha avuto il coraggio di fare ciò che avrebbe dovuto essere fatto." Alcuni nella folla inferocita l'hanno preso come un appello all'escalation e hanno preso d'assalto il Campidoglio, secondo le accuse contro i rivoltosi citate dal comitato[168]. Sappiamo che **Ivanka Trump ha avuto ampi contatti con suo padre mentre osservava lo svolgersi della violenza**[169] e mentre i repubblicani lo supplicavano di richiamare i rivoltosi[170].

Ma lei ha **rifiutato di collaborare.** Quindi una domanda chiave è: Donald Trump è arrivato davvero a comprendere la violenza in tempo reale, come un'arma per ottenere ciò che non aveva ottenuto attraverso mezzi procedurali? In questo modo ha infatti ritardato il conteggio elettorale, sia per pura interruzione o intimidendo Pence. È in questo collegamento che potrebbero risiedere alcune delle **colpe più gravi dell'ex presidente, che Ivanka potrebbe rendere più chiare.**

Abbandonati i riflettori di Washington, Ivanka resta sempre la candidata più richiesta per le elezioni di metà mandato, ma **negli ultimi mesi è rimasta fuori dal circo mediatico e politico.** Insieme al marito, svolge una vita molto riservata a Surfside, zona privata nell'area di Miami, a circa un'ora da Mar-a-Lago. Non è comparsa in pubblico, pochissimo sui social media. Non si sa molto dei colloqui con il padre Donald, anche se in molti scommettono che proprio lei, quando nessuno se lo aspetta, sarà la sorpresa della nuova politica di The Donald.

---

[168] https://january6th.house.gov/sites/democrats.january6th.house.gov/files/2022-1-20.BGT%20Letter%20to%20Ivanka%20Trump%20-%20Cover%20Letter%20and%20Enclosures_Redacted%202.pdf

[169] https://www.washingtonpost.com/politics/trump-mob-failure/2021/01/11/36a46e2e-542e-11eb-a817-e5e7f8a406d6_story.html

[170] https://edition.cnn.com/2021/02/12/politics/trump-mccarthy-shouting-match-details/index.html

E se non avrà una vita politica pubblica, Ivanka avrà sicuramente un ruolo in quella del padre, perché ricordiamoci sempre: **lui ascolta solo e sempre lei**, la *daddy's girl*, la preferita di papà.

Ivanka Trump Donald Trump (Ph. Ivanka Trump)

KIMBERLY

E se Ivanka svolge una vita privata, c'è un'altra figura che, invece, di privato non ha praticamente nulla. **Kimberly Guilfoyle**, la guerriera di Trump, che **da giornalista di Fox News** (ed ex compagna dell'attuale governatore della California, il democratico Gavin Newsom) **è diventata una delle più forti sostenitrici dell'ex presidente** durante le elezioni di metà mandato del 2018, ma **soprattutto una sua diretta consigliera**. Senza dimenticare che si è fidanzata ufficialmente con Donald Trump Jr, primogenito del Tycoon.

Titanica, guerriera, forte e molto trumpiana: questa è ora l'immagine della donna che **si è sempre confessata di fede politica**

repubblicana, essendosi iscritta al partito a 18 anni, e lo è restata anche nel periodo in cui è stata la **First Lady di San Francisco**, ovvero dal 2004 al 2006, anno in cui divorziò da Gavin Newsom. Perché scrivo "lo è restata"? Perché Newsom è un rappresentante democratico.

Secondo un ritratto pubblicato dal Washington Post, "Guilfoyle, in quel periodo, si era allineata con la mentalità pro-business di Newsom. E **a San Francisco non ha mai parlato molto delle sue tendenze conservatrici**, nemmeno in privato; la coppia sembrava trattare ogni fase della loro carriera e l'un l'altro come un mezzo per raggiungere un fine, secondo alcuni amici e colleghi del periodo"[171]. Un **divorzio**, poi, avvenuto poco prima che **Newsom** venisse confermato per un secondo mandato, e ben prima che diventasse governatore della California.

È interessante sottolineare come Kimberly Guilfoyle, nata a San Francisco e sposata con un democratico, sia passata dall'essere la Bella della Bay Area alla principessa del MAGAland. Con tanto di **critiche pesanti alla sua California**, durante la Convention Repubblicana del 2020: "Se volete vedere il futuro socialista di Biden e Harris per il nostro paese, guardate a quello che sta succedendo in California, un luogo di immensa ricchezza, innovazione incommensurabile, un ambiente immacolato e i democratici lo hanno trasformato in una terra di aghi di eroina scartati nei parchi, disordini nelle strade e blackout nelle case."[172] Parole forti in cui si è visto il forte cambio di rotta dell'ex moglie di Newsom.

Ora è la **fidanzata ufficiale di Donald Trump Jr, primogenito dell'ex presidente** e attento sostenitore della carriera politica del padre. Una nota di colore che riguarda l'inizio della loro relazione: Guilfoyle è **stata per alcuni anni una anchor di Fox News**, dove conduceva, insieme ad altri colleghi, *The Five*, una trasmissione della rete conservatrice statunitense. In quel contesto **Guilfoyle divenne**

[171] https://www.washingtonpost.com/lifestyle/style/kimberly-guilfoyle-was-once-compared-to-jackie-kennedy-now-shes-basically-a-trump/2018/08/22/eed842f0-9756-11e8-810c-5fa705927d54_story.html

[172] https://www.latimes.com/politics/story/2020-08-24/republican-convention-california-trump

un'affidabile sostenitrice di Trump e Donald Jr. se ne era accorto: "Quando tutti gli altri hanno detto che Hillary era inarrestabile", ha detto, "Kimberly è rimasta ferma su mio padre."[173]

Dopo aver lasciato Fox News a seguito di un procedimento su presunte violenze sessuali, Kimberly è stata **nominata vicepresidente di America First Action**, super PAC pro Trump, **per poi diventare una delle fundraiser più importanti per Donald Trump.** E soprattutto **ha raccolto 3 milioni di dollari per la manifestazione che ha contribuito ad alimentare la rivolta del Campidoglio** del 6 gennaio 2021.

In una serie di messaggi inviati il 4 gennaio 2020 a Katrina Pierson, *trait d'union* della Casa Bianca all'evento, Guilfoyle dà dettagli in merito ai fondi raccolti, e anche **una forte spinta nel portare oratori di estrema destra sul palco** insieme a Trump per la manifestazione. **I messaggi di Guilfoyle**, recensiti da ProPublica[174], rappresentano **l'indicazione più forte che i membri della cerchia della famiglia Trump fossero direttamente coinvolti** nel finanziamento e nell'organizzazione della manifestazione.

L'attacco al Campidoglio che ne è seguito ha provocato cinque morti e decine di feriti. I messaggi di testo mostrano che **Guilfoyle esprime preoccupazioni specifiche** sul fatto che **potrebbe non essere autorizzata a parlare sul palco** alla manifestazione del 6 gennaio. Pierson risponde che Trump stesso ha impostato la scaletta dei discorsi e che ha limitato il palco alle persone che ha selezionato, inclusi alcuni dei suoi figli e Amy Kremer, un'attivista che ha organizzato l'evento. Guilfoyle risponde dicendo che **vuole solo presentare Trump Jr., avendo "raccolto così tanti soldi per questo evento".** "Letteralmente, uno dei miei donatori, **Julie, ha donato 3 milioni**[175]", aggiunge. Guilfoyle si riferisce a **Julie Jenkins Fancelli,**

[173] https://www.washingtonpost.com/lifestyle/style/kimberly-guilfoyle-was-once-compared-to-jackie-kennedy-now-shes-basically-a-trump/2018/08/22/eed842f0-9756-11e8-810c-5fa705927d54_story.html

[174] https://www.propublica.org/article/texts-show-kimberly-guilfoyle-bragged-about-raising-millions-for-rally-that-fueled-capitol-riot

[175] https://www.propublica.org/article/texts-show-kimberly-guilfoyle-bragged-

un'erede del supermercato Publix con cui Guilfoyle aveva sviluppato un rapporto professionale durante la campagna.

Finora, **Caroline Wren, ex collaboratrice di Guilfoyle**, è stata l'unica persona identificata[176] ad aver lavorato con Fancelli. Come riportato da ProPublica il mese scorso[177], Wren **si è anche vantata in conversazioni private con i colleghi di aver raccolto 3 milioni di dollari per gli eventi del 6 gennaio**. Non è chiaro se tale importo sia stato effettivamente aumentato e, in tal caso, come sia stata spesa la maggior parte di esso.

E, in una dichiarazione del suo avvocato, **la stessa Wren ha riconosciuto di aver contribuito a produrre la manifestazione**, ma non ha fornito ulteriori dettagli sul suo ruolo nella raccolta fondi. "Per quanto ne sappia la signora Wren, Kimberly Guilfoyle non è stata coinvolta nella raccolta di fondi per alcun evento il 6 gennaio", si legge in una dichiarazione dell'avvocato della compagna di Donal Trump Jr, Joe Tacopina[178]. "Erano entrambe presenti a una manifestazione pacifica con centinaia di migliaia di americani che si trovavano a Washington per esercitare legalmente i loro diritti di primo emendamento, un pilastro primario della democrazia americana". I **messaggi tra Guilfoyle e Pierson e le interviste con i funzionari di Trump suggeriscono anche che Guilfoyle abbia tentato di influenzare la formazione degli oratori prevista per l'evento.**

La sera del 5 gennaio, **Trump Jr., Guilfoyle e Wren partecipano ad un evento** al Trump International Hotel di Washington, dove i donatori di Trump si sono mescolati con figure di spicco del movimento **con l'obiettivo di far annullare il risultato delle elezioni**, secondo quanto si legge tra le interviste e i post sui social

---

about-raising-millions-for-rally-that-fueled-capitol-riot

[176] https://www.wsj.com/articles/jan-6-rally-funded-by-top-trump-donor-helped-by-alex-jones-organizers-say-11612012063

[177] https://www.propublica.org/article/top-trump-fundraiser-boasted-of-raising-3-million-to-support-jan-6-save-america-rally

[178] https://www.propublica.org/article/texts-show-kimberly-guilfoyle-bragged-about-raising-millions-for-rally-that-fueled-capitol-riot

media pubblicati dai partecipanti all'iniziativa.[179]

Quella sera **vengono scelti gli speaker della manifestazione al Campidoglio** il giorno seguente. **Wren** chiama gli organizzatori e li **esorta a far intervenire** Ali Alexander, un provocatore di estrema destra e leader del movimento Stop the Steal, Roger Stone, ex consigliere di Trump, e il teorico della cospirazione e leader di InfoWars Alex Jones, secondo quanto reso noto da un ex funzionario della campagna a cui sono stati comunicati i dettagli della chiamata (da persone, ovviamente, che l'hanno ascoltata).

Gli assistenti di Trump avevano già ritenuto gli **uomini troppo radicali per salire sul palco**, temendo che potessero mettere in imbarazzo il presidente.[180] L'**elenco finale dei relatori del 6 gennaio viene approvato personalmente da Trump** e non include Jones e Alexander, secondo quei documenti e le persone coinvolte nella pianificazione.[181] **In prima fila** di questa manifestazione e della raccolta fondi sta **Kimberly Guilfoyle**. Sempre lei, che il giorno della manifestazione parla alla folla dicendo "Non permetteremo ai liberali e ai democratici di rubare i nostri sogni o rubare le nostre elezioni."[182]

Da ottobre 2021 è **a capo del super PAC di Trump**, chiamato Make America Great Again, Again!, dove **continua a raccogliere fondi per Donald Trump in vista del 2024**, nonostante la citazione in giudizio della Commissione d'inchiesta del 6 gennaio lo scorso marzo, dopo la brusca interruzione, da parte di Guilfoyle, di un colloquio volontario in merito ai fatti del 6 gennaio.

Citazione in giudizio o meno, la fidanzata di Donald Trump Jr prosegue – più o meno indisturbata – la sua attività di raccolta fondi.

---

[179] https://www.alreporter.com/2021/01/27/photos-posts-put-tuberville-in-trumps-hotel-on-jan-5-despite-him-denying-meeting/

[180] https://www.propublica.org/article/new-details-suggest-senior-trump-aides-knew-jan-6-rally-could-get-chaotic

[181] https://www.washingtonpost.com/politics/2022/02/26/trump-pierson-wren/

[182] https://www.kalb.com/2022/03/03/kimberly-guilfoyle-subpoenaed-by-house-jan-6-committee/

Kimberly Guilfoyle (Ph. Twitter Kimberly Guilfoyle)

KELLYANNE

La prima donna in grado di gestire una campagna elettorale e vincerne, poi, le elezioni. **Cattolica**, madre di quattro figli. Non alt-right, ma sicuramente *hard right*. **Fedele trumpiana fino all'ultimo giorno alla Casa Bianca. Estranea ai fatti del 6 gennaio.** Da circa due anni fuori dai riflettori della politica di Washington per dedicarsi alla famiglia, anche se recentemente ha parlato in pubblico ad un evento della Catholic University of America definendo "vero caos" ciò che sta accadendo nell'amministrazione Biden[183]. **Kellyanne Conway**, Counselor to President Donald Trump dal 2017 al 2020, **può essere** – ancora – **l'asso nella manica di Donald Trump per le prossime presidenziali.**

Per molti americani, Kellyanne Conway è stata uno shock, ma il

[183] https://www.washingtonexaminer.com/news/kellyanne-conway-argues-true-chaos-arrived-under-biden

suo attacco costante (e a tratti un po' ambiguo) al liberalismo è durato più di 20 anni. Non è una cinica; è **un'ideologa della destra anti-establishment**. È stata, **per un periodo, la donna più potente di Washington**. E potrebbe tornare ad esserlo, tra qualche anno.

Quando si pensa a Kellyanne Conway si pensa anche a **"alternative facts", ovvero fatti alternativi**, un termine che lei stessa ha utilizzato il 22 gennaio 2017, in un'intervista a Meet The Press. Incalzata da Chuck Todd su un briefing che il nuovo addetto stampa, Sean Spicer, aveva tenuto il giorno precedente, affermando che l'insediamento di Donald Trump aveva attirato un numero record di spettatori (fatto palesemente non veritiero), Conway ha negato che le dichiarazioni fossero bugie, etichettandole invece come *fatti alternativi*.[184]

Più di chiunque altro nell'amministrazione Trump, Conway **ha accettato il compito di difendere le finzioni più sfacciate mai pronunciate da un presidente americano**. Nelle parole di James Fallows, giornalista di The Atlantic, "Conway ha interiorizzato il senso di Trump che non c'è realtà diversa da quella che sceglie di raccontare minuto per minuto."[185]

Ma il timore reverenziale nazionale per le sue meraviglie della menzogna distrae solo dalla vera storia di Conway: la sua **straordinaria influenza e i legami personali e ideologici** che la tengono salda in tutte le tempeste. Anche quando **il marito**, l'avvocato George T. Conway III, **ha iniziato a criticare pubblicamente l'operato di Donald Trump** e ha fondato The Lincoln Project, **organizzazione di repubblicani critici** proprio dell'amministrazione Trump.

Un think tank, questo, che nell'ottobre 2020, a Times Square, "crossroads of the world" – ha messo due cartelloni pubblicitari con le foto di Ivanka Trump e del marito Jared Kushner. I *billboard* accusavano la coppia di aver mostrato **indifferenza e completa assenza di empatia verso gli americani colpiti dal Covid**. Insomma, una critica diretta e mirata. Per non parlare dei commenti su Trump

---

[184] https://www.youtube.com/watch?v=VSrEEDQgFc8

[185] https://www.theatlantic.com/politics/archive/2017/07/the-perils-of-prediction-in-the-age-of-trump/622357/

della figlia Claudia[186], che ha causato molte divergenze all'interno della famiglia Conway.

Ma perché un'ex sondaggista (molto nota), diventata poi consigliere politico, piace così tanto a Donald Trump? Il Tycoon ama i dati. Apprezza moltissimo la **lealtà**. E valorizza le persone che sono brave in TV, dandogli risalto. Ecco perché la apprezza. Lui e Conway si sono avvicinati quando lei si è unita alla sua campagna e ha dimostrato una forte abilità per tutti e tre gli aspetti, anche se i due sono diventati amici per la prima volta anni fa, quando Conway e suo marito vivevano in uno degli edifici di Trump a Manhattan.

Questa è la chiave per capire il lungo **gioco che Conway sta giocando, che ha perseguito negli ultimi vent'anni**. Seguendo il suo lungo elenco di clienti e cause, così come le sue stesse dichiarazioni, Kellyanne Conway vuole un'America in cui le tasse sono basse, le normative governative sono poche, l'aborto è illegale, la scienza del clima è sospetta, l'immigrazione è strettamente limitata e le armi sono un matrimonio giusto, ma gay non lo è. Che entusiasmi o terrorizzi, potrebbe ritornare ad essere una delle figure femminili più potenti di Washington.

Si è fermata per dedicarsi alla famiglia, **non ha preso parte alla campagna elettorale del 2020**. Ma è riapparsa in pubblico, intervenendo ad un evento della Fondazione Young America, e iniziando a lavorare al **super PAC di David McCormick**, imprenditore, che nel suo team ha molti ex collaboratori di Donald Trump. E soprattutto: **non deve testimoniare in merito ai fatti del 6 gennaio perché, ufficialmente, non ne ha preso parte. Un elemento in più per ritornare**, *stronger than before*, al centro della scena.

---

186 https://eu.usatoday.com/story/news/politics/2020/06/30/kellyanne-conways-teen-daughter-claudia-posts-anti-trump-videos/3285180001/

Kellyanne Conway Donald Trump (Ph. Kellyanne Coway)

Capitolo IX

NANCY & KAMALA (A DINAMIC DUO?)

CAPITOLO IX

NANCY & KAMALA (A DINAMIC DUO?)

Due donne, californiane, al centro del potere. Seppur per motivi differenti, entrambe hanno già scritto la storia negli Stati Uniti.

La prima, **Nancy Pelosi**, classe 1940, nata a Baltimora ma californiana d'adozione, nel 2007 è la **prima donna ad essere eletta Speaker della Camera**. Abbastanza per esclamare *That's one for the books*, espressione americana che indica qualcosa di eccezionale, mai accaduto prima, anche inatteso. Ma non è tutto. Perché Nancy Pelosi nel 1988 viene **eletta alla Camera dei Rappresentanti per il Golden State**, carica per cui ottiene la **rielezione per ben sedici volte**, spesso con più del 70% delle preferenze.

Servono solo pochi anni e a Pelosi si affianca **Kamala Harris**, **prima donna di colore scelta come vicepresidente** degli Stati Uniti. Insieme fanno la storia: nell'aprile 2021, a due mesi dall'insediamento di Joe Biden, le due californiane sono le prime – e uniche – donne a sedere dietro il Presidente durante la sessione congiunta del Congresso. Un'istantanea *for the books*, **immagine storica** mai vista in 245 anni di storia del paese.

Due **provenienze simili**, due carriere molto vicine, due destini incrociati. Due donne che, ancora prima dell'inizio della presidenza Biden, avevano già un percorso ben definito, insieme, *to make California great again*. Da sempre incubatore di innovazione, laboratorio di democrazia, terra di grandi idee, il Golden State poteva essere il think tank dell'amministrazione Biden-Harris. Ma non è stato così, almeno per i primi – quasi – due anni di presidenza.

Alla **vicepresidente**, infatti, Joe Biden affida un **dossier** molto importante ma altrettanto **spinoso**, ossia l'**immigrazione illegale al confine con il Messico**. Un focus che inizia ad affrontare visitando Guatemala e Messico, come prima missione all'estero da VP, che fallisce, con **qualche scivolone** non apprezzato da Joe Biden[187]. Questo accade nel 2021, quando Nancy Pelosi è al centro della scena politica e, per alcuni aspetti, oscura la figura di Kamala Harris.

Infatti Madam Speaker, questo il soprannome di **Pelosi, avvia un'indagine formale di impeachment contro il presidente Trump**, accusandolo di aver tradito il suo paese, a seguito dei fatti del 6 gennaio. È in prima linea per difendere la sua posizione, anche quando il tycoon viene assolto. Kamala **Harris, nel frattempo, cerca di trovare la sua collocazione all'interno di un esecutivo sempre più guidato solo da un presidente in calo nei sondaggi**, proiettato già verso la fine di quella luna di miele che gli americani avevano visto nella coppia Biden-Harris e in cui avevano riposto molta fiducia sin dal primo giorno.

Ma quanto, ora, queste due figure femminili **possono essere di sostegno a Joe Biden in vista del 2024?** Saranno funzionali a Joe Biden? Cerchiamo di capire chi sono e soprattutto come mai il presidente le ha vicine (e perché sono così importanti).

---

[187] https://edition.cnn.com/2021/06/09/politics/kamala-harris-foreign-trip/index.html

Pelosi Harris State of the Union (Ph. Twitter Nancy Pelosi)

KAMALA DEVI HARRIS

"Anche se **sono la prima** donna ad assumere questo ruolo, **non sarò l'ultima**. Perché ogni ragazza che ci sta guardando questa sera vede che questo è un paese di possibilità."[188]

Inizia con queste prime dichiarazioni il percorso che porta Kamala Harris da candidata alla presidenza democratica alla vicepresidenza, quella vera.

Novembre 2021, Wilmington, Delaware. Tante persone presenti, molte di più alla televisione, ascoltano con attenzione le parole di questa donna californiana, dalla risata accesa, dall'accento *northcal*, che la sua famiglia allargata chiama anche **Momala**.

Kamala Harris, infatti, non è solo la prima donna di colore a diventare vicepresidente eletta, ma anche la **prima a portare alla Casa Bianca un First Gentleman**, ovvero Doug Emhoff, avvocato californiano, che da sei anni è il suo compagno.

Un compagno che ha due figli dal precedente matrimonio, Ella

---

[188] https://www.nytimes.com/2020/11/07/us/politics/kamala-harris.html

e Cole, che chiamano Kamala, appunto, Momala, una crasi del suo nome e di quello di "mamma". Kamala Harris non arriva a Washington da sconosciuta, ma da **professionista**.

Ex del pubblico ministero e rivoluzionaria procuratrice generale della California, Harris ha infranto le barriere nel corso della sua carriera, e sebbene la sua candidatura alla presidenza nel 2020 non abbia portato i risultati inizialmente pensati (e sperati), ha comunque **catturato l'attenzione nazionale con le sue performance ai dibattiti elettorali**.

Una delle tante cose che la lega a Joe Biden è il **forte legame** che aveva da tempo **con Beau Biden**, figlio del presidente, morto per un cancro il 30 maggio 2015. Un motivo in più per cui Harris è stata scelta.

Infrangere le barriere: più che un obiettivo, Kamala Harris l'ha visto quasi come una missione da svolgere nel corso della sua vita. Sicuramente un esempio per tante ragazze di colore, la sua determinazione la rende **un modello per tante giovani** donne, e **non solo di colore**.

Ma essere determinata non è sufficiente. È fondamentale una **buona istruzione in strutture di prestigio** americane che, però, hanno rette annuali elevate. **Ottimi voti**. Attività extracurriculari. E ricordiamoci sempre che la competizione, per i posti migliori dentro e fuori l'università, è sempre altissima. Togliamo subito l'idea che sia tutto semplice. No, non è così. Per arrivare nei luoghi di prestigio serve una combinazione di fattori a cui non tutte le persone, anche le più meritevoli, hanno accesso. Il merito conta, sì, ma non è tutto. Entrare nelle università parte dell'Ivy Leaugue, ovvero Brown, Columbia, Cornell, Harvard, Princeton, University of Pennsylvania, Yale e Darmouth, le migliori istituzioni universitarie private del paese, **è molto difficile ed altrettanto costoso**. Le borse di studio ci sono, ma non per tutti, quindi essere bravi non è l'elemento fondamentale, ma solo uno dei tanti, fondamentali, per arrivare lontano.

Kamala Harris ha un buon punto di partenza: una buona famiglia, dei genitori colti. Nasce al Kaiser Hospital di Oakland, in California, il 20 ottobre 1964. La **madre è la dottoressa Shyamala Gopalan**, **immigrata indiana**, americana e **ricercatrice** sul cancro al seno, e il **padre è Donald Harris**[189], **giamaicano, professore emerito di economia a Stanford**. La coppia si è incontrata durante gli studi di dottorato (che entrambi stavano seguendo) presso l'Università della California a Berkeley nell'autunno del 1962 e si è sposata l'anno successivo.

"Sono venuta a studiare a UC Berkeley. Ma non sono mai venuta per restare", dice Gopalan a un giornalista di SF Weekly[190] nel 2003. "È la solita vecchia storia, mi sono innamorata di un ragazzo, ci siamo sposati, presto sono arrivate le bambine." La coppia ha poi divorziato nel 1972 e Gopalan ha cresciuto Harris e sua sorella minore Maya.

La dottoressa Gopalan **dà a sua figlia il nome Kamala**, che significa *loto* in sanscrito ed è un altro nome della divinità indù Lakshmi, nome scelto anche **per preservare la sua identità culturale**. Il **secondo nome** della vicepresidente, Davi, si traduce in *dea* in sanscrito, un **altro tributo alla religione indù**. "Una cultura che adora le dee produce donne forti", dirà Gopalan al Los Angeles Times nel 2004.[191]

E nello stesso articolo del quotidiano californiano si raccontano i primi episodi in cui la **piccola Kamala partecipa alle proteste per i diritti civili** a Oakland e Berkeley, con riferimento ad uno specifico (e significativo): dopo una manifestazione, la madre di Harris chiese alla piccola che cosa volesse. La risposta della futura VP? FEE-DOM![192] La libertà. **I genitori** di Harris **divorziano** quando Kamala ha appena sette anni **e la madre**, che per un periodo resta in California, **ottiene la custodia delle figlie**, Kamala e Maya.

Entrambe restano in contatto con il padre e la sua famiglia, ma è la **madre** delle due, Shyamala Gopalan, **a svolgere un ruolo più significativo nel plasmare le sue ragazze.**

---

[189] https://web.stanford.edu/~dharris/professional_career.htm

[190] https://www.sfweekly.com/news/kamalas-karma/

[191] https://www.latimes.com/politics/la-pol-ca-tm-kamala-20190121-story.html

[192] https://www.latimes.com/politics/la-pol-ca-tm-kamala-20190121-story.html

Harris e sua sorella Maya hanno un'**infanzia ricca e multiculturale**. "Tutti i miei amici erano di colore e ci siamo riuniti e abbiamo cucinato cibo indiano e dipinto l'henné sulle nostre mani, e non mi sono mai sentita a disagio con il mio background culturale", dirà Harris successivamente.[193] Si recavano regolarmente **sia in Giamaica che in India per far visita alle famiglie** di entrambe le parti, aiutando la futura Madam VP a sviluppare un apprezzamento per il mondo in generale.

Quando Harris frequenta le scuole medie, sua madre – che aveva vissuto episodi di razzismo e sessismo a Berkeley – decide di **trasferirsi in Canada** per insegnare e fare ricerca alla McGill University. **Kamala ha 13 anni** e in quel periodo lei e la sorella **iniziano ad interessarsi di "politica"**, o meglio, iniziano a **far valere i loro diritti**. Le due bambine, infatti, **protestano davanti al loro condominio** di Montreal, perché ai bambini veniva vietato di giocare sul prato della struttura. Il risultato del loro sit-in? I proprietari della struttura hanno cambiato le regole e, dopo poco, Kamala, Maya e gli altri bambini hanno potuto giocare sul prato del palazzo.[194]

Attivista sin da piccola, ma anche **amante del cibo**. "Da bambina ricordo di aver sentito il rumore delle pentole e di aver annusato il cibo, era un po' come essere in trance", ha ricordato Harris in un'intervista a Glamour del maggio 2020. "Mia madre mi diceva sempre: Kamala, è chiaro che ti piace mangiare del buon cibo, è meglio che impari a cucinare." Ed è esattamente quello che ha fatto. Ora Harris **condivide regolarmente** le sue abilità culinarie, **le sue ricette** e il suo amore per le cene domenicali **sui social media**. Nel 2019, lei e l'attrice Mindy Kaling hanno preparato il *masala dosa* (una crêpe indiana)[195] in un **video della campagna** e Harris ha anche insegnato al collega e senatore Mark Warner come far sciogliere correttamente un tonno in un video online.

Quando ha condiviso la sua ricetta per "Kamala's Cornbread

[193] https://www.thelist.com/235746/the-untold-story-of-kamala-harris-childhood/

[194] https://www.mercurynews.com/2019/05/07/kamala-harris-high-school-montreal-canada-yearbook/

[195] https://www.indianhealthyrecipes.com/masala-dosa-recipe/

Dressing" nel giorno del Ringraziamento 2020, twitta così: "**Nei momenti difficili mi sono sempre dedicata alla cucina.** Quest'anno voglio condividere con voi una delle ricette del Ringraziamento preferite dalla mia famiglia. Spero che ogni volta che riuscirete a farcela nella vita, la vita vi porti tanto calore quanto ne ha portato me, anche quando siamo lontani da chi amiamo."[196]

Quindi: attivista sin da piccola, amante della cucina, ma soprattutto molto impegnata. È quello che si nota di lei nel periodo dell'università. Harris, infatti, **nel 1981 inizia a frequentare la Howard University** (si laurea in scienze politiche ed economia) **per poi proseguire gli studi**, nel 1989, **alla University of California**, Hastings College of the Law. La Howard University è un'istituzione che si trova a Washington ed è definita come *"the only truly comprehensive predominantly Black university"*[197], ovvero un'**università principalmente frequentata da studenti di colore.** Tra l'altro, seppur non formalmente parte della cosiddetta Ivy League, Howard è considerata una **Black Ivy League School**, insieme a Spelman College, Hampton University, Tuskegee University, Morehouse College e Fisk University.[198]

Kamala Harris si trasferisce nella capitale e inizia a studiare al college e **si unisce alla sorority Alpha Kappa Alpha (AKA)**[199]**, la prima in assoluto nella storia composta da ragazze afroamericane**, fondata nel 1908 proprio alla Howard University[200]. Aderire a una sorority, ovvero ad un **gruppo di ragazze che vivono all'interno di una struttura universitaria, condividendo spazi e attività extracurriculari** (e non solo, come spesso viene erroneamente dipinto, le feste universitarie), può essere di grande prestigio.

E soprattutto facilita l'accesso ad altre attività, soprattutto lavorative, al termine del college.

---

[196] https://twitter.com/kamalaharris/status/1331425347112493056?lang=en

[197] https://www2.howard.edu/about/history

[198] https://collegerealitycheck.com/howard-university/

[199] https://www.thezoereport.com/p/im-kamala-harris-sorority-sister-this-is-why-her-pearls-mean-so-much-to-me-39326694

[200] https://aka1908.com/

Un modo in cui **Harris ha onorato i suoi legami con** il Divine Nine – **il consiglio delle nove confraternite** e confraternite[201] **storicamente di colore** – durante la campagna elettorale è stato indossare un filo di perle, che rappresenta i 20 fondatori della confraternita al femminile. "Quello che impari in una HBCU è che non devi rientrare nella prospettiva limitata di qualcuno riguardo cosa significhi essere giovani, dotati e neri", dirà in un'intervista del 2018 al programma radiofonico The Breakfast Club.[202]

Dopo il college e la Law School[203], Kamala **Harris inizia la sua carriera come viceprocuratore distrettuale nella contea di Alameda,** e nel 2004 viene scelta come **procuratore distrettuale di San Francisco**: è la prima donna di colore in questo ruolo, che svolge fino al 2010. L'anno seguente, il **2011**, è molto importante in quanto la vede come **prima donna di colore scelta a procuratrice generale della California** (poi si autodefinirà una "procuratrice progressista"[204]).

Ed è sempre in questo anno che **conosce Beau Biden**, figlio dell'allora Senatore del Delaware Joe Biden, con cui instaurerà una **forte amicizia**. I due diventeranno amici mentre Harris è il procuratore generale della California e Beau occupa la stessa posizione per lo Stato del Delaware. "Ho capito subito che Beau era il tipo di ragazzo che ispirava le persone a essere una versione migliore di loro stesse" ha detto Harris in un discorso del 2020. "Era davvero il migliore. E quando gli chiedevo: "Da dove hai tratto ispirazione per essere così? lui parlava sempre di suo padre."[205]

---

[201] https://www.c-span.org/video/?c4899185/california-attorney-general-kamala-harris-addresses-2012-democratic-national-convention

[202] https://twitter.com/HBCUBuzz/status/988830751352279041

[203] La Law School, negli Stati Uniti, è l'equivalente della facoltà di giurisprudenza, ma con una differenza: alla Law School ci si accede dopo il college, di quattro anni, e al termine si può fare l'esame, il Bar, che dà accesso alla carriera di avvocato, nel pubblico e nel privato

[204] https://abcnews.go.com/Politics/kamala-harris-latest-democrat-run-president/story?id=60521324

[205] https://www.biography.com/news/kamala-harris-facts

Nel **2012** arriva il **primo**, importantissimo, **passo nella politica nazionale**: interviene alla **Convention Democratica** di Charlotte, North Carolina, che poi porterà alla rielezione di Barack Obama, e Joe Biden[206] la conferma l'**astro nascente del Partito Democratico**. Da quel momento in poi, la carriera politica di Kamala Harris è solo in ascesa.

SENATOR HARRIS

Kamala Devi Harris, the Democratic rising star. Se dovessimo dare un titolo agli **anni 2012-2017**, quando Kamala **Harris inizia a lasciare il suo marchio all'interno del Partito Democratico**, potremmo usare questo.

Harris viene subito vista bene e infatti le chiedono di candidarsi per sostituire la Senatrice Barbara Boxer, californiana e democratica, intenzionata ad andare in pensione. **Nel 2015** Kamala **inizia la sua prima campagna elettorale, mettendo l'accento su temi molto cari alla gente**: aumento del salario minimo[207], riforme della giustizia sociale, attenzione all'immigrazione clandestina, diritti riproduttivi delle donne.

Vincere è facile per Kamala Harris, che **nel 2017 giura come prima indiana americana al Senato**, e "solo" seconda donna di colore. Il suo **primo discorso è dedicato agli immigrati e alle persone in difficoltà**[208]. Presta servizio nella Commissione Intelligence e Giudiziaria, tra i vari incarichi, ma soprattutto si fa riconoscere per il **suo modo di interrogare i testimoni nelle udienze**, atteggiamento che attira critiche dei senatori repubblicani, soprattutto in un episodio, ossia quando pone delle **domande piuttosto aggressive** al procuratore generale degli Stati Uniti Jeff Sessions[209] durante la

---

[206] https://www.c-span.org/video/?c4899185/california-attorney-general-kamala-harris-addresses-2012-democratic-national-convention

[207] https://www.britannica.com/topic/minimum-wage

[208] https://www.youtube.com/watch?v=A4J98Gkxfh4

[209] https://www.britannica.com/biography/Jeff-Sessions

sua testimonianza alla Commissione Intelligence sulla presunta interferenza russa nelle elezioni presidenziali del 2016.

Il passo in avanti per Kamala Harris avviene il **21 gennaio 2021** quando, alla trasmissione televisiva *Good Morning America*, **lancia ufficialmente la sua candidatura a Presidente degli Stati Uniti** per il Partito Democratico, dicendo: "Amo il mio paese e questo è un momento in cui sento il senso di responsabilità e voglio lottare per il meglio di ciò che siamo.[210]" Inizialmente viene vista come una delle candidate più forti, anche quando **si confronta in maniera molto accesa con Joe Biden** nei dibattiti che precedono il voto. Poi, però, i primi problemi economici della campagna elettorale la portano ad **abbandonare la corsa, nel dicembre 2019**.

Nonostante tutto, Harris resta attiva all'interno del dibattito politico. È uno dei principali sostenitori della **riforma della giustizia sociale** soprattutto **dopo la morte**, nel maggio 2020, **di George Floyd**, afroamericano di Minneapolis. I suoi sforzi mettono a tacere alcuni che hanno criticato il suo incarico di procuratore generale, sostenendo di non aver indagato sulle accuse di cattiva condotta della polizia, comprese le sparatorie discutibili; altri, tuttavia, ritengono che il suo abbraccio alla riforma sia una **manovra politica** per capitalizzare la crescente popolarità pubblica del cambiamento sociale.

Poiché l'ingiustizia razziale è diventata una questione importante negli Stati Uniti, **molti democratici hanno chiesto a Biden**, il presunto candidato del partito, **di selezionare una donna afroamericana** – una fascia demografica considerata fondamentale per le sue possibilità elettorali – **come sua compagna per la corsa alla vicepresidenza. Ad agosto 2020 Biden sceglie Harris** come sua possibile VP e a novembre dello stesso anno lei diventa ufficialmente la prima donna di colore ad essere eletta vicepresidente degli Stati Uniti.

Everything that glitters is not gold, non è tutto oro quello che luccica, perché Kamala Devi Harris è sì la prima per tanti ruoli, uno

---

[210] https://www.npr.org/2019/01/21/677834764/sen-kamala-harris-announces-2020-presidential-candidacy

su tutti quello di Madam VP, e gran parte degli americani la adora, ma **la sua posizione inizia a scricchiolare quando le viene assegnata la gestione del dossier immigrazione**, importantissimo ma altrettanto complicato. **Il suo primo viaggio all'estero è** in Guatemala e Messico per una visita che, in concreto, si rivela un *rocky trip*, **un viaggio burrascoso.**

"AI MIGRANTI DICO: NON VENITE IN AMERICA"

Arginare il flusso migratorio dall'America centrale, promuovere e sostenere partnership strategiche e relazioni bilaterali, sono questi gli obiettivi del primo viaggio all'estero[211], in Messico e Guatemala, di Madam Vice President.

Obiettivi uniti, ovviamente, al macro obiettivo che tanti prima di lei hanno provato a risolvere, ovvero **arginare il numero record di minori non accompagnati che attraversa il confine** tra Stati Uniti e Messico quotidianamente.[212]

Sin dal primo giorno del viaggio, la vicepresidente e il suo staff hanno chiarito l'intenzione di **concentrarsi strettamente sugli sforzi diplomatici** in Messico e nei paesi del Triangolo settentrionale del Guatemala, Honduras[213] ed El Salvador, **dove ritengono di avere maggiori probabilità di ottenere risultati tangibili** nell'affrontare le cause profonde della migrazione, come la disperazione economica (questo secondo due funzionari della Casa Bianca che hanno familiarità con la dinamica).

Tutte **premesse** ottime, che però vengono **infrante dalla conferenza stampa che Kamala Harris fa il 7 giugno 2021,** insieme al presidente del Guatemala Alejandro Giammattei.

---

[211] https://edition.cnn.com/2021/05/19/politics/harris-immigration/index.html

[212] https://edition.cnn.com/2021/06/02/politics/kamala-harris-guatemala-mexico-first-foreign-trip/index.html

[213] https://www.latimes.com/politics/newsletter/2022-02-02/essential-politics-is-kamala-harris-taking-a-gamble-in-honduras-essential-politics

Voglio essere chiara con chi, in questo paese, sta pensando di fare quel peligioso viaggio verso il confine tra Stati Uniti e Messico: non venite. Non venite. Gli Stati Uniti continueranno a far rispettare la legge e a proteggere i nostri confini.[214]

Questo commento genera **critiche immediate**, tra cui quelle della democratica Alexandria Ocasio Cortez, che in un tweet espone tutta la sua delusione:

Tutto questo è molto deludente da vedere. In primo luogo, chiedere asilo a qualsiasi confine degli Stati Uniti è un metodo di arrivo legale al 100%; in secondo luogo, gli Stati Uniti hanno trascorso decenni a contribuire al cambio di regime e alla destabilizzazione in America Latina. Non riusciamo a fare a meno di dare fuoco alla casa di qualcuno e poi biasimarlo per essere fuggito.[215]

La reazione della deputata democratica racchiude al meglio il **malcontento dei democratici** che non apprezzano le dichiarazioni di Kamala Harris che, dopo quel viaggio, entra quasi in un cono d'ombra.

Forse sono state le **troppe aspettative** ad aver fatto scivolare Kamala **Harris**, che, come prima donna e prima persona di colore e asiatica a ricoprire questo incarico, **ha dovuto affrontare aspettative e controlli smisurati**. In combinazione con alcune gaffe ben pubblicizzate e un elevato turnover del personale, di certo la sua è stata **una prima parte di vicepresidenza molto difficile**.

---

[214] https://www.npr.org/2021/06/07/1004074139/harris-tells-guatemalans-not-to-migrate-to-the-united-states
[215] https://twitter.com/AOC/status/1402041820096389124?ref_src=twsrc%5Etfw%7Ctwcamp%5Etweetembed%7Ctwterm%5E1402085901216501761%7Ctwgr%5E%7Ctwcon%5Es3_&ref_url=https%3A%2F%2Fwww.npr.org%2F2021%2F06%2F07%2F1004074139%2Fharris-tells-guatemalans-not-to-migrate-to-the-united-states

I PRIMI DUE ANNI DA VP, MA...

Harris **spera di cambiare le cose trovando ruoli più adatti** alle sue abilità. Sebbene abbia un nuovo direttore della comunicazione, un nuovo speechwriter e portavoce, ai suoi alleati non piace descrivere tali cambiamenti come un riavvio. Il suo ultimo grande ripristino, durante la campagna presidenziale del 2020 quando ha attaccato Joe Biden sul palco del dibattito, ha provocato una breve esplosione di sondaggi prima di svanire. I membri dello staff attuale ed ex, nonché un gruppo di consulenti informali, affermano che **il vicepresidente sta cercando di adattare la sua strategia**, non di intraprendere azioni drastiche. In molti sperano che la **combinazione di personale più esperto e della sua esperienza** renderà l'operazione più fluida. A differenza di Biden, che è venuto alla Casa Bianca circondato da lealisti di lunga data, **lo staff di Harris era in gran parte nuovo per lei.**

Harris, in un'intervista con The Times a dicembre 2021, ha **evitato una domanda sul turnover del personale** e sulle storie che **la ritraggono come un capo duro**[216]. "La persona con cui sono più dura è me stessa", ha detto, aggiungendo di essere stata anche mentore ed educatrice. Interpellata dalla NBC, a gennaio 2022, in merito alle speculazioni sul suo futuro, si è lamentata definendole "**pettegolezzi di alta classe.**"

Harris e la sua squadra stanno cercando di metterla nella posizione di **riuscire ad avere successo. Il piano** prevede di farla viaggiare molto, fare campagne e **rappresentare l'amministrazione all'estero.** Harris ha anche iniziato a **fare più interviste ai notiziari nazionali**, sebbene tali apparizioni non siano sempre andate bene.

Kamala Harris è anche una rarità per i vicepresidenti moderni, visto che **ha assunto questo ruolo con meno esperienza** a Washington rispetto al presidente. Biden, che ha servito al Senato per 36 anni prima di diventare vicepresidente nel 2009, ha preso l'iniziativa nei negoziati del Congresso. Ha persino lasciato Harris alla Casa Bianca

---

[216] https://www.politico.com/news/2021/06/30/kamala-harris-office-dissent-497290

quando ha cercato di radunare i democratici del Senato a gennaio 2022 per approvare la legislazione sui diritti di voto, uno sforzo che è fallito.

I consulenti attuali e quelli passati affermano che **l'ascesa storica di Harris e l'età avanzata di Biden l'hanno portata a essere esaminata più da vicino rispetto ai precedenti vicepresidenti**, mettendo a dura prova il suo **personale relativamente piccolo**: 81 persone, inclusi funzionari che lavorano per il Second Gentleman Doug Emhoff, lo staff del National Space Council, presieduto da Harris, e che si occupa della residenza ufficiale della coppia

Non è un momento idilliaco e ideale per la vicepresidente, **scesa notevolmente anche nei sondaggi di gradimento** tra gli americani. Biden, però, le ha dato una **nuova possibilità**, quella di **avere un ruolo più importante all'interno della diplomazia internazionale**. Il primo passo di questa nuova strategia è mandarla alla **Conferenza sulla Sicurezza a Monaco**, insieme a una delegazione americana. Il summit di febbraio 2022 si è svolto in un momento delicato per la pace in Europa, con le truppe del Cremlino schierate al confine ucraino. **Pochi giorni dopo la fine dell'incontro inizierà la guerra ucraino-russa**, con gli Stati Uniti in prima linea a sostegno del paese guidato da Volodymyr Zelensky e in difesa dei confini NATO.

Questo **nuovo ruolo**, negoziatrice internazionale, sarà veramente quello che farà emergere veramente Kamala Harris? E soprattutto, una nuova immagine **aiuterà Biden alle prossime elezioni?** Forse no, ma i risultati inaspettati sono sempre pronti ad arrivare. Biden non ha molte certezze, ma non dimentichiamoci che una di queste è Nancy Pelosi.

NANCY PELOSI

"Nessuno ti darà potere. Devi prenderlo."[217] È quello che Nancy

---

[217] https://eu.usatoday.com/story/opinion/2021/04/16/nancy-pelosi-house-speaker-book-susan-page-power-american-history/7231734002/

Pelosi ha detto in più occasioni a Susan Page, responsabile della sede di Washington di Usa Today, che l'ha incontrata più volte per la realizzazione del libro *Madam Speaker: Nancy Pelosi and the lessons of power*.

Nella sua famiglia Pelosi era la più piccola, una bambina dopo quattro figli maschi. **La madre la incoraggiò a diventare suora**, secondo quanto scrive Page. "E **Nancy, molto piccola, disse:** non credo di voler essere una suora, **meglio un prete, perché i sacerdoti sono al potere.**[218]" Questa frase di una giovanissima Nancy Pelosi è l'essenza della donna che è ora, la **prima donna**, tra l'altro californiana e italoamericana, ad essere **Speaker della Camera**, un ruolo che assume dal 2007 al 2011, e dal 2019 ad oggi.

Non tutti sanno, però, che Nancy Pelosi **è stata anche la prima donna Capogruppo alla Camera nella storia del Partito Democratico statunitense**. Di record ne ha molti, ma soprattutto molte sono le barriere che Nancy Pelosi, nata D'Alesandro, a Baltimora, e poi trasferitasi a San Francisco, sta abbattendo nella sua carriera politica, iniziata proprio nel Golden State, nei primi anni Settanta.

Il marito Paul, conosciuto alla Georgetown University, lavorava come bancario, mentre **lei inaugurò un Democratic Party Club a casa**. Questo **le permetteva di seguire i cinque figli e dedicarsi alla politica**. Nel 1976 lavorò per la campagna presidenziale del governatore della California Jerry Brown e nel 1981 fu presidente del Partito Democratico per lo stato, lavorando dietro le quinte per reclutare candidati e raccogliere fondi. **All'età di 47 anni ci fu la prima svolta**. Dopo che il figlio più piccolo iniziò il college, infatti, Pelosi venne **incoraggiata da una deputata in precarie condizioni di salute a candidarsi per il suo seggio**. Nancy organizzò 100 feste in casa, reclutò 4.000 volontari e raccolse 1 milione di dollari in sette settimane. E poco dopo **ottenne alle elezioni uno dei seggi più importanti del paese. Giurò nel 1978** accanto al padre, Thomas

---

[218] https://eu.usatoday.com/story/opinion/2021/04/16/nancy-pelosi-house-speaker-book-susan-page-power-american-history/7231734002/

D'Alesandro Jr, ex sindaco democratico di Baltimora.

Un innato sesto senso, una **forte capacità di raccogliere fondi e di anticipare le questioni chiave**, in qualità di **membro della Camera di San Francisco**, Pelosi iniziò ad affrontare le questioni legate ai **diritti LGBT** e alla **crisi dell'AIDS quando questi erano ancora argomenti impopolari a livello nazionale.**

Nel 2001 la prima, importantissima, promozione: fu **eletta prima donna capogruppo alla Camera**, ruolo numero due del Partito Democratico. Questo è un ruolo che però assume per poco tempo, perché la sua leadership è incontrastabile.

Dopo aver raccolto 1,8 milioni di dollari per i democratici attraverso la sua leadership PAC nel 2002, Pelosi ottenne il posto più alto quando Dick Gephardt si dimise da leader di minoranza. Divenne **la prima donna a guidare un partito al Congresso. Ancora una volta, è la prima.**

Madam Speaker

Nel **2006**, però, arriva un altro ruolo, il più importante, e anche qui è la prima, viene **eletta Speaker della Camera**. Nel suo primo discorso Pelosi dice:

Questo è un momento storico per il Congresso e per le donne di questo paese. Un'istantanea che abbiamo atteso per più di 200 anni, per le nostre figlie e nipoti, ora il limite è soltanto il cielo.[219]

Un discorso che sarà di ispirazione per tante donne, non solo in politica.

Ma cosa fa Nancy Pelosi nelle prime 100 ore da Speaker? Aumenta il salario minimo, promulga il rapporto della commissione sull'11 settembre, ferma molti sussidi fiscali alle compagnie petrolifere

---

[219] https://www.reuters.com/article/us-usa-congress-pelosi-idUSN0415785920070104

e stabilisce nuove regole sul lobbismo. **Un altro record, perché nessuno era riuscito a fare così tanto in così poco tempo.**

Nel 2008, durante la campagna elettorale democratica che vede tra i protagonisti Barack Obama e Hillary Clinton, **Pelosi riesce a restare neutrale**, nonostante tra i candidati ci siano molti amici. Amici che sostiene alla Convention Democratica di Denver, a cui segue una vittoria schiacciante di Obama alle elezioni. Per la prima volta dopo 14 anni nel 2008 Casa Bianca e Congresso sono a guida democratica, con Pelosi e Obama a capo delle due istituzioni.

Pelosi non è solo la Speaker, ma è anche la donna di politica e diplomazia che **sostiene Barack Obama a proseguire con la riforma della sanità**, nel 2009, quando tutto sembra perduto.

Il 2010, però, il Partito Democratico subisce uno stop. Alle **elezioni di metà mandato i repubblicani ottengono la maggioranza** alla Camera e **Pelosi viene sostituita** da John Boehner.

Ma Nancy Pelosi non abbandona la carriera politica, anzi, diventa **ancora più attiva durante il secondo mandato di Barack Obama** e, quando Donald Trump diventa presidente, Pelosi ne diventa una critica feroce. E sapete quale soprannome il Tycoon dà alla leader di minoranza? High Tax, High Crime Nancy Pelosi[220], con un chiaro riferimento a quello che, secondo lui, Pelosi vorrebbe, ossia tasse e criminalità elevata.

Questa avversione nei confronti dello Stato della California probabilmente deriva dal fatto che **nel 2006 Trump perse il Golden State** per più di quattro milioni di voti, cosa che non ha mai digerito. E quando poteva ancora comunicare via Twitter, non poteva non **dimostrare la sua antipatia nei confronti dello stato californiano e di Nancy Pelosi**, californiana acquisita. Il Los Angeles Times ha fatto un'eccellente raccolta di tutti i tweet che Donald Trump ha scritto contro la California, le sue politiche e i suoi politici. Questo è il link di riferimento: https://www.latimes.com/projects/trump-california-tweets/, dateci un'occhiata, è molto interessante.

Ma anche dal canto suo, **Pelosi non perde certo l'occasione di**

---

[220] https://www.latimes.com/projects/trump-california-tweets/

contrastare Donald Trump in momenti pubblici. In un incontro televisivo, la donna dei record annuncia che il Partito Democratico non sosterrà economicamente il muro con il Messico, uno degli obiettivi della presidenza Trump.[221] Nel **2009**, poi, viene **rieletta Speaker**, e da lì **continua la sua lotta** – personale e politica – **contro The Donald.**

Il 3 gennaio 2021 viene confermata nel ruolo che l'ha forse resa più famosa. L'America ha un nuovo presidente, Joseph Robinette Biden Jr., e solo tre giorni dopo la reinvestitura, Pelosi deve **gestire** una **questione** molto importante, l'**assalto al Congresso**, il 6 gennaio.

Nelle scene di *Pelosi's Power*, il primo documentario sulla vita e l'eredità della prima donna portavoce della Camera, **i rivoltosi urlano il nome di Pelosi** muovendosi all'interno del Campidoglio. Il film li cattura mentre gridano: "Dove sei, Nancy? Ti stiamo cercando" e "Sì, stiamo arrivando", prima di entrare nel suo ufficio.[222]

Susan Page, autrice della biografia di Pelosi, *Madam Speaker*, in seguito chiese a Pelosi se avesse avuto paura in quei momenti. "Nancy ha detto che **sarebbero arrivati alle mani. Perché lei è una battagliera**", dice Page a FRONTLINE nei momenti iniziali di *Pelosi's Power*. "E poi alza il piede. E, sai, indossa sempre quei tacchi a spillo di dieci cm. Indicando la scarpa dice: "avrei potuto usare queste come armi.[223]"

Nelle ore e settimane successive all'assalto, Nancy **Pelosi non attaccherà i manifestanti, ma lotterà contro il leader** che ha alimentato l'insurrezione con false affermazioni su elezioni rubate. Il 7 gennaio, come racconta il documentario, **Pelosi chiama il generale del Pentagono**, Mark Milley, e chiede informazioni su come impedire a "un presidente instabile" di intraprendere azioni avventate. **Poi** incontra il leader della maggioranza al Senato Chuck Schumer (D-N.Y.) e con lui **chiama il vicepresidente Mike Pence**, altro bersaglio dell'assalto, **per chiedergli di invocare il 25° emendamento,**

---

[221] https://www.nbcnews.com/politics/congress/trump-schumer-pelosi-brawl-over-wall-ahead-white-house-meeting-n946371

[222] https://www.pbs.org/wgbh/frontline/film/pelosis-power/

[223] https://www.pbs.org/wgbh/frontline/interview/susan-page/

che recita così: *In caso di revoca del Presidente dalla carica o di sua morte o dimissioni, il Vice Presidente diventa Presidente.*[224] Pence, però, non risponde alla telefonata di Pelosi, che pensa già all'impeachment di Donald Trump.

In quel momento storico Nancy Pelosi è l'unica guida politica degli Stati Uniti. E **da lei parte la richiesta di impeachment** nei confronti di Donald Trump, il secondo per il presidente, per "incitamento all'insurrezione". **Trump** viene messo sotto accusa dalla Camera a gennaio 2021, quando è ancora in carica, **il primo presidente in assoluto ad essere stato messo sotto accusa due volte.**

È stato un voto in gran parte del Partito Democratico, ma **anche dieci repubblicani si sono uniti ai democratici** nel condannare il presidente per aver fomentato la violenza. Tra questi anche Liz Cheney, figlia dell'ex VP Dick Cheney, per due mandati insieme a George W.Bush. Il **processo** inizia il 9 febbraio e **si conclude** il 13 **con l'assoluzione** di Trump. E con la delusione di Nancy Pelosi, che subito dopo l'esito del voto, in una conferenza stampa, definisce "codardi" i repubblicani che hanno votato per l'assoluzione di Trump.[225] Per lei non era solo una questione politica, ma anche personale, perché ciò che Trump ha messo a rischio è stata la democrazia dell'America, cosa che nessuno mai ha fatto.

Ma archivia tutto questo e **prosegue** nella sua attività, **sostenendo il lavoro di Joe Biden.** E resta sempre **la donna più influente e potente d'America. Si ricandida alle elezioni di Midterm all'età di 82 anni**, di cui 35 passati a Capitol Hill e 20 come leader del partito democratico alla Camera. E se il giudice 83enne della Corte suprema Stephen Breyer ha già annunciato di andare in pensione per motivi d'età, Pelosi non ci pensa proprio.

Il suo **aiuto** sarà **essenziale per Joe Biden**, e non solo in termini di esperienza politica, che entrambi hanno, ma anche – e soprattutto – in termini economici, visto che **Pelosi è un'ottima fundraiser** e sa

---

[224] https://www.govinfo.gov/content/pkg/GPO-CONAN-1992/pdf/GPO-CONAN-1992-10-26.pdf

[225] https://www.theguardian.com/us-news/2021/feb/13/donald-trump-acquitted-impeachment-trial

dove e come raccogliere fondi a sostegno delle campagne elettorali.

Una donna di un'etica lavorativa leggendaria. Dorme poco e non beve caffè, a cui preferisce acqua calda e limone. Fa tutti i giorni il cruciverba del New York Times e, ogni tanto, a colazione, mangia il New York Super Fudge Chunk Ice Cream, gelato al cioccolato con pezzi di fondente bianco e scuro, noci pecan e mandorle ricoperte di fondente. Non proprio leggero, ma a colazione tutto è concesso.[226] Sarà forse questo il segreto di Madam Speaker?

Pelosi Harris State of the Union 2 (Ph. Twitter Nancy Pelosi)

[226] https://people.com/food/nancy-pelosi-eats-chocolate-ice-cream-for-breakfast-a-great-way-to-start-the-day/

Capitolo X

TRUTH OR CONSEQUENCES

CAPITOLO X

TRUTH OR CONSEQUENCES

Il 5 aprile 2022 Barack **Obama torna alla Casa Bianca** per la prima volta dopo aver lasciato l'incarico, ossia nel gennaio 2017 quando ufficialmente si insedia Donald Trump. Obama fa questo gesto per un motivo preciso, e non solo per salutare l'amico ed ex vicepresidente Joe Biden, ma soprattutto **per sostenere l'ampliamento dell'Obamacare**, riforma della sanità americana che aveva promosso nel 2010.

"Con Joe abbiamo fatto molto insieme, ma niente mi rende più orgoglioso dell'Affordable Care Act, uno degli esempi per cui uno si candida, anche se con questa legge rischiavo di perdere la rielezione"[227] afferma Obama ripercorrendo l'iter, spesso travagliato, della riforma sanitaria che Joe Biden vuole estendere.

[227] https://www.nytimes.com/2022/04/05/us/politics/obama-biden-obamacare.html

Oltre a questo, l'ex presidente fa un'**affermazione apparentemente scherzosa** ma che rispecchia al meglio quello che ora sta accadendo alla Casa Bianca. "Tra i **grandi cambiamenti** vedo che gli agenti del Secret Service indossano gli Aviator *(iconico modello di occhiali da sole Ray-Ban usato anche da Biden nda)*, poi noto che alla Casa Bianca c'è una **nuova marca di gelato** ma è anche arrivato un gatto".[228] Una frase che fa sorridere molti dei presenti ma che descrive perfettamente il quadro della situazione: la presidenza **Biden**, nei suoi primi due anni, **non ha fatto pressoché nulla di significativo per distinguersi dalle precedenti amministrazioni**, o meglio, Biden, sin dal giorno del suo insediamento, viene visto come il presidente delle grandi speranze e del cambiamento ma, di cambiamenti, nei primi due anni non se ne vedono.

E **non serve nemmeno la guerra in Ucraina**, in cui Joe Biden cerca di far sentire la sua voce, ripetendo spesso che "Vladimir Putin è un criminale di guerra[229]" per i fatti di Bucha, cittadina in Ucraina dove i soldati russi, abbandonandola dopo la resa, torturano e uccidono tantissimi civili, alcuni di questi trovati con le mani legate. Un conflitto che vede **Biden in primo piano per rafforzare il legame con i paesi della NATO e fronteggiare Vladimir Putin**, con la volontà di dare un nuovo volto alla politica estera americana che, negli ultimi mesi, è stata un po' zoppicante.

La volontà di portare l'esercito americano fuori dall'**Afghanistan** il 30 **agosto 2021** gli procura molte critiche, anche a livello internazionale, creando l'immagine di un **presidente non abbastanza capace di gestire crisi internazionali**. L'invasione dell'Ucraina da parte della Russia sembra essere una nuova occasione per Joe Biden, che però **non riesce a gestire contemporaneamente anche la politica interna** del suo paese. Un fattore importante da sottolineare è che i cittadini americani sono molto concreti e più interessati a ciò che accade nel loro paese e, molto semplicemente, alle loro tasche.

Parlando del conflitto russo-ucraino in un'intervista che ho

---

[228] https://www.nytimes.com/2022/04/05/us/politics/obama-biden-obamacare.html

[229] https://time.com/6164265/biden-putin-war-criminal/

registrato con Franklin Foer, giornalista di The Atlantic ed esperto di Ucraina, emerge un fattore: **la guerra interessa agli americani perché il costo della benzina si alza** e si dovrà spendere di più, e non perché serve al cittadino medio per comprendere la collocazione degli Stati Uniti all'interno dello scacchiere internazionale.[230]

Una guerra che si svolge in un momento molto critico per il paese, dove il **tasso di inflazione non è mai stato così elevato sin dagli anni Ottanta**. Gli americani, quindi, si chiedono "perché sostenere economicamente **una guerra "lontana"** che aumenta le nostre spese interne?" Un **dissenso** e un'insoddisfazione che i cittadini esprimono in un modo solo: **alle urne**. È lì che possono **chiedere quel cambiamento** tanto promesso ma mai arrivato.

La battuta di Obama è significativa e non è affatto casuale. Biden, allo stato attuale, non ha ancora apportato cambiamenti significativi capaci di definire la sua presidenza. Certo, i conti si fanno alla fine e il quarantaseiesimo presidente degli Stati Uniti ha ancora tempo per far sì che il suo primo mandato possa emergere tra quelli dei suoi predecessori, ma **molto si deve ancora fare**.

Una presidenza che molti esperti americani hanno definito noiosa, nonostante la partenza iniziale, che faceva pensare a tutt'altro. Ma si sa, è Truth or Consequences, ad ogni errore c'è una penalità. Ed è quella che Joe Biden deve ai cittadini americani.

DUE CRISI (+ UNA)

Già da candidato alla presidenza, nel 2020 Joe **Biden si dice pronto ad affrontare quattro crisi** che sconvolgono la vita degli americani: combattere il **coronavirus**, ripristinare **l'economia**, combattere il **cambiamento climatico** e **rendere il paese più equo**. "La storia ci ha consegnato uno dei momenti più difficili che l'America abbia mai affrontato", dice Biden alla Convenzione Nazionale Democratica

---

[230] https://tg24.sky.it/mondo/2022/03/04/guerra-in-ucraina-foer-the-atlantic-negoziati-necessari-putin

nel 2020. "Quattro crisi storiche, tutte contemporaneamente. Una tempesta perfetta". Biden ripete spesso l'elenco di quelle sfide durante la campagna elettorale e riparla di tutte e quattro durante il suo discorso inaugurale[231].

Questi **quattro temi restano centrali** nella presidenza di Joe Biden. È pur vero, però, che problemi imprevisti e la ferma opposizione repubblicana ostacolano i suoi sforzi per risolverli, o quantomeno fare progressi, e lasciano ai molti che chiedevano a gran voce i cambiamenti (che lui stesso aveva promesso) la scusa per dire che **non è stato fatto abbastanza fino ad oggi.**

Noi cercheremo di analizzarne due di questi temi centrali – coronavirus ed economia – perché sono forse i più significativi, a cui si aggiunge la guerra in Ucraina, un dossier che vede Joe Biden in primo piano nella politica internazionale (ma non fa felice molti americani).

COVID-19

Un anno dopo che Biden afferma con sicurezza nel suo discorso inaugurale "possiamo superare questo virus mortale[232]", il Paese sta lottando con una **quinta ondata** di infezioni e problemi familiari. Gli ospedali in alcune aree stanno combattendo per curare i pazienti, i **farmaci** per curare il Covid-19 **scarseggiano** e i test sono difficili da trovare. L'amministrazione Biden ha dovuto cambiare approccio nell'ultimo anno, **dal cercare di sconfiggere il virus al capire come conviverci.** La buona notizia è che i **vaccini** – che l'amministrazione **Biden ha reso ampiamente disponibili** – hanno impedito ai decessi di adeguarsi al ritmo di quella tendenza al rialzo.

Ma il paese sta ancora subendo in media più di 1.500 morti al giorno. I funzionari della Casa Bianca affermano di aver fatto passi da gigante: a differenza degli anni precedenti, le chiusure sono rare

---

[231] https://www.washingtonpost.com/politics/interactive/2021/01/20/biden-inauguration-speech/

[232] https://www.washingtonpost.com/politics/interactive/2021/01/20/biden-inauguration-speech/

e la maggior parte dei sistemi scolastici funziona, nonostante alcune interruzioni. Ora esistono strumenti e medicine che aiutano a trasformare il Covid **da una malattia mortale a una *gestibile*.**

I vaccini tengono la maggior parte delle persone fuori dagli ospedali, ma non le esentano da infezioni, come si pensava in precedenza. Il regime iniziale di due richiami che la maggior parte degli americani ha ricevuto come vaccinazione è diventato un calvario a tre vaccinazioni, e potrebbe richiederne ancora. Gli esperti sanitari attribuiscono **alla Casa Bianca il merito di aver accelerato rapidamente la distribuzione delle vaccinazioni,** poi rivelatesi efficaci nel prevenire i ricoveri **anche se il virus è mutato.**

Ma Biden e il suo team non mettono in conto la possibilità che una considerevole **minoranza di americani si opporrà alle vaccinazioni.** Un problema che porta l'amministrazione Biden a **emettere una serie di mandati** quest'anno, inclusa una direttiva che richiede alle grandi aziende di verificare che i dipendenti siano vaccinati o regolarmente testati. La Casa Bianca stima che questo obbligo riguarderà 80 milioni di americani. La Corte Suprema, però, cancella questa direttiva nel gennaio 2022.

Anche il **team Covid di Biden lotta per comunicare** nei momenti chiave. Il team **dà messaggi contrastanti** sulla necessità di booster prima di riunirsi attorno al messaggio che sono *necessari*. Anche le **indicazioni su quando indossare le mascherine** – e che tipo di mascherine usare – cambiano a zig zag. E più recentemente, i Centers for Disease Control and Prevention hanno **cambiato i consigli riguardo la durata della quarantena per gli infetti** e i tipi di circostanze in cui le persone esposte possono tornare al lavoro. Un po' di **confusione,** insomma, **nella gestione di una delle crisi sanitarie più importanti degli ultimi anni** e che ha colpito pesantemente gli Stati Uniti.

Economia

L'amministrazione Biden ha **in gran parte risolto la crisi economica**: sei milioni di americani si sono uniti alla forza lavoro e la crescita economica è bruscamente ripresa. Ma una nuova forza economica emersa nei primi mesi della presidenza si sta rivelando molto più difficile da affrontare e la Casa Bianca ha faticato a farvi fronte: l'**inflazione**.

Quando Biden assume la carica, il suo team economico è determinato a far uscire rapidamente il paese dallo **scenario** che affliggeva la nazione sia durante la **Grande Depressione** degli anni Trenta che durante la **Grande Recessione iniziata nel 2008**. In entrambi i casi, l'economia statunitense si era contratta gravemente poiché consumatori, aziende e investitori avevano ritirato la spesa, creando un ciclo devastante che aveva richiesto anni per una possibile inversione. La **crisi economica creata dal Covid sembrava** per molte ragioni **assomigliare a questi shock storici**.

Quando è iniziata la pandemia, **la domanda è crollata a livello nazionale perché gli americani sono rimasti a casa** e hanno interrotto le loro normali routine. Le **aziende** interessate da nuovi modelli di comportamento **hanno chiuso** a ritmi allarmanti. **La disoccupazione è aumentata** e il paese ha assistito a una **prolungata recessione**.

I precedenti stabiliti dalla Grande Depressione e dalla Grande Recessione erano nella mente di molti economisti, compresi quelli della Casa Bianca. I democratici volevano evitare una ripetizione della ripresa sotto il presidente Barack Obama, dove i lenti progressi hanno contribuito a enormi conquiste repubblicane al Congresso. Erano **determinati a far ripartire l'economia con un'infusione di denaro federale** che avrebbe alimentato più spese economiche, più assunzioni e più crescita.

Nel **marzo 2021**, dopo mesi di dispute, l'amministrazione Biden ha approvato **un piano di salvataggio da 1.9 trilioni di dollari** che ha fatto esattamente questo. L'intervento ha funzionato, ma semmai, secondo molti economisti, **potrebbe aver funzionato troppo bene.** Il piano di Biden **ha inondato l'economia con così tanti soldi** che ha effettivamente **iniziato a surriscaldarsi**, esacerbando l'inflazione, che **ha fatto aumentare i prezzi per i consumatori.**

Sono disponibili più posti di lavoro che in qualsiasi momento della storia degli Stati Uniti, poiché i lavoratori sfruttano una leva senza precedenti per trovare nuove opportunità altrove nel mercato del lavoro. Ma il rubinetto della spesa potrebbe essere andato **fuori controllo**, con **troppi soldi** che inseguono troppo pochi beni, portando a sua volta a **picchi di prezzo noti come inflazione.**

Spinta dalla domanda, **l'inflazione è aumentata del 7% su base annua**, il più grande aumento degli ultimi quattro decenni, perché le famiglie hanno dovuto affrontare prezzi più elevati per gas, cibo, alloggi, medicine e altri beni essenziali. Le catene di approvvigionamento sono state allungate oltre la loro capacità e hanno lottato per soddisfare la nuova domanda.

Ad aggravare le cose è stata anche la pandemia, che ha continuato a devastare il mercato del lavoro e ad aumentare le pressioni salariali. Per mesi, **l'amministrazione ha insistito sul fatto che l'inflazione fosse *transitoria*** e sarebbe svanita con il ritorno della normalità post-pandemia, mentre gli americani continuavano a sentire gli effetti dell'aumento dei prezzi. Entro l'estate, lo stesso **Biden ha iniziato ad affrontare la questione in modo più diretto** e l'amministrazione ha lanciato una serie di sforzi per combatterla.

Ma la Casa Bianca continua a proiettare ottimismo sul fatto che l'inflazione si stabilizzerà. Ci sono stati **alcuni segnali di rallentamento** dell'inflazione alla fine del 2021. Se l'inflazione si raffredderà rapidamente il prossimo anno, come molti previsori ritengono che potrebbe fare, gli interventi fiscali dell'amministrazione sembreranno più giustificati. Ma in caso contrario, gli **elettori potrebbero essere pronti a punire Biden alle urne.**

Crisi Ucraina

"Gli Stati Uniti stanno andando nella direzione sbagliata". È bastato un sondaggio, una raccolta dei dati e delle opinioni degli americani, e questo è il risultato: **solo il 40% degli americani supporta le attuali misure e politiche del presidente Joe Biden**. Il sondaggio è stato realizzato e reso noto da NBC[233] a fine marzo 2022, nel pieno della guerra russo-ucraina, e certifica un dato molto importante, cioè che è il **gradimento più basso mai avuto da Biden** in questa prima parte della sua presidenza.

Un risultato che arriva **durante una delle crisi internazionali più importanti degli ultimi anni**, in cui Joe **Biden prova a ricollocare gli Stati Uniti come stato-guida**. Che cosa significa? Per capirlo torniamo un attimo su Donald Trump.

La politica più importante del suo predecessore era quella interna: **Make America Great Again** era il motto che **identificava** al meglio **il comportamento dell'ex presidente** e questo si è tradotto in un mandato di **pochissima politica estera**, con relazioni deteriorate e tutte da ricostruire. Il **conflitto russo-ucraino**, per Joe Biden, è invece l'**occasione per ricostruire queste relazioni**, dando un nuovo profilo agli Stati Uniti nello scacchiere internazionale, sfruttando anche la sua precedente esperienza sia di vicepresidente (carica rivestita per otto anni nei due mandati di Barack Obama), sia di senatore del Delaware con la carica di presidente della Commissione esteri del Senato (dal 2007) e presidente del Comitato di controllo sul narcotraffico internazionale del Congresso (incarico mantenuto fino al 2009 quando è stato nominato vicepresidente). **Ritrovare uno spazio per gli Stati Uniti nella politica internazionale**, con un leader forte alla guida. Su questo, Biden prova a fare molto, ma non abbastanza, perché i risultati, spesso, non pagano lo sforzo.

Ma andiamo con ordine e cerchiamo di capire come e cosa fa Biden per riprendere lo spazio che, negli anni di presidenza Trump,

---

[233] https://www.cnbc.com/2022/03/27/biden-job-approval-fall-to-lowest-point-amid-russia-and-inflation-worry.html

è mancato agli Stati Uniti. A fine marzo 2022 Joe **Biden vola in Europa,** dove incontra i leader mondiali a Bruxelles prima di dirigersi verso la **Polonia. Qui fa visita ai soldati statunitensi** non lontano dal confine con l'Ucraina **e si ferma in un centro profughi ucraino a Varsavia.** In questa città **incontra il presidente polacco** e fa un discorso sullo stato della guerra russa in Ucraina, davanti a migliaia di polacchi che lo ascoltano in religioso silenzio e a cui dice, riprendendo una frase di Giovanni Paolo II, il papa polacco, "non abbiate paura"[234]. Un viaggio che rappresenta per Biden un **momento di alto profilo sulla scena mondiale** in uno dei peggiori periodi di conflitto europeo dalla Seconda guerra mondiale.

Biden Varsavia (Ph. Twitter POTUS)

Funzionari della Casa Bianca affermano che uno scopo centrale degli incontri con i leader mondiali, richiesti da Biden, è quello di **rafforzare l'unità tra la NATO, l'Unione Europea e le nazioni del G7** per esercitare pressioni economiche a lungo termine sul presidente russo Vladimir Putin. Un obiettivo che Biden raggiunge.

[234] https://www.whitehouse.gov/briefing-room/speeches-remarks/2022/03/26/ remarks-by-president-biden-on-the-united-efforts-of-the-free-world-to-support-the- people-of-ukraine/

Gli Stati Uniti, insieme all'Unione Europea e al G7 annunciano ulteriori **sanzioni contro più di 400 persone ed entità russe**. Biden afferma di ritenere che il tipo di **pressione prolungata** sarà ciò che spingerà Putin a **porre fine alla guerra**, ma modera le aspettative che qualsiasi cosa detta o fatta durante la sua visita in Europa possa influenzare le azioni di Putin a breve termine.

In questo viaggio, però, Biden sa che deve **rafforzare le relazioni diplomatiche con la Polonia**, alleato cruciale per gli Stati Uniti: ospita migliaia di truppe statunitensi, accoglie milioni di rifugiati ucraini e fornisce una via di rifornimento chiave per portare armi all'Ucraina. Durante i suoi due giorni in Polonia, Biden si adopera per rassicurare il paese sul fatto che **gli Stati Uniti aiuteranno a fornire assistenza nell'affrontare la crisi dei rifugiati**, impegnando un ulteriore miliardo di dollari in aiuti globali per i rifugiati. Biden **promette anche di difendere militarmente la Polonia**, in quanto membro della NATO, **se la Russia dovesse attaccare** il suo suolo.

In un discorso a Varsavia, Biden **fa ripetutamente riferimento a personaggi storici popolari polacchi**, tra cui **Papa Giovanni Paolo II** e l'ex presidente Lech **Wałęsa**, e alle lotte della Polonia nel corso della storia per la sua indipendenza in un messaggio diretto al popolo polacco. Nonostante un viaggio pieno di incontri, sono stati alcuni dei momenti non previsti di Biden ad attirare maggiormente l'attenzione sulla scena mondiale. In Polonia, durante un discorso accuratamente preparato, Biden aggiunge una frase che sembra suggerire un cambio di regime in Russia, qualcosa che i funzionari russi hanno accusato gli Stati Uniti di tentare per anni, nonostante le smentite degli americani. "Per l'amor di Dio, quest'uomo non può rimanere al potere"[235], improvvisa Biden, riferendosi a Vladimir Putin.

La Casa Bianca rapidamente rilascia una dichiarazione in cui afferma che le osservazioni non indicano un cambiamento nella politica, tentando di coprire la **gaffe diplomatica di Biden**. Non è il solo inciampo di Joe Biden in questo viaggio così importante.

---

[235] https://www.nbcnews.com/politics/white-house/biden-says-putin-cannot-remain-power-white-house-says-otherwise-rcna21702

Nonostante tutto, però, gli permette di riallacciare relazioni diplomatiche e **guadagnare fiducia da parte del popolo polacco e ucraino.** Ma non è abbastanza per il popolo americano, che è più interessato alla politica interna del paese e vede la guerra lontana e dispendiosa.

DA PRESIDENZA DI SPERANZA A PRESIDENZA "NOIOSA"

Expect the unexpected, ovvero: **aspettati di tutto e di più.** È un'espressione che si pronuncia spesso in America, ma fa capire che, in generale, non sai mai cosa poterti aspettare. Da tutto e da tutti. È quello che un po' sta accadendo alla presidenza **Biden-Harris, viste inizialmente come le due figure in grado di salvare il paese** e di dare una nuova dignità agli Stati Uniti dopo quattro anni di presidenza Trump in cui molte relazioni a livello internazionale si sono usurate. Ma dopo solo qualche mese al governo entrambi **vedono la loro luce sbiadirsi.** Una luna di miele che termina in pochi mesi, quando **emergono le prime crepe all'interno del governo,** con Kamala Harris che viene spesso criticata per la sua inadeguatezza nella gestione di dossier importanti (come quello sull'immigrazione, croce e delizia di molte amministrazioni che, però, l'attuale governo aveva promesso di risolvere dal giorno zero) e con l'incapacità di Joe Biden di dare una scossa al suo esecutivo. Esecutivo, il suo, che vede **continuamente cambi di personale, di assistenti e uffici stampa,** soprattutto da parte Harris. Senza, però, dimenticare che **anche la stessa Jill Biden,** moglie del presidente, **sembra aver espresso delle critiche nei confronti della vicepresidente.** Secondo il libro *This Will Not Pass: Trump, Biden and the Battle for America's Future*, scritto da Jonathan Martin e Alex Burns, si sostiene che la First Lady si sia lamentata della scelta del marito di Kamala Harris come vicepresidente. "Ci sono milioni di persone negli Stati Uniti. **Perché... proprio una persona che ha attaccato Joe?",** pare abbia detto Jill riferendosi al fatto che durante le primarie democratiche **nel 2019 Harris** abbia **attaccato il presidente accusandolo di razzismo** quando era un giovane senatore negli anni Settanta[236]. Un'atmosfera non positiva, ma che all'apparenza viene nascosta.

Biden Harris (Ph. Doug Emhoff)

All'inizio del loro governo, i predecessori di Biden sembrano essere ovunque, se non di persona nello spirito; se non individualmente, rappresentati da membri apparentemente eccitanti delle loro nuove squadre. **Il 46° presidente sembra stranamente assente.** Dal suo insediamento al 1° aprile 2022, quindi **in più di un anno di presidenza**, Joe **Biden trascorre solo 12 fine settimana nella capitale**, secondo quanto scrive l'ex corrispondente della CBS Mark Knoller[237]. Nello stesso periodo passa 31 fine settimana a casa nel Delaware e 16 a Camp David. Non ospita cene di stato. **A Washinton si vede poco** e spesso queste "gite" fuori dalla Casa Bianca comportano una tranquilla

[236] https://www.theguardian.com/us-news/2022/apr/04/joe-biden-rupert-murdoch-fox-news-new-book

[237] https://twitter.com/markknoller/status/1510009175732068361

visita in chiesa. Non si presenta nemmeno alla Gridiron Dinner, cena dell'esclusivo Gridiron Club (*un club esclusivo di giornalisti, dove si può accedere solo con invito – nda*), a cui ogni presidente da Benjamin Harrison ha partecipato almeno una volta.

Ma **non è noioso soltanto il presidente. Anche il gruppo di addetti ai lavori** di Biden **non è particolarmente interessante.** Collaboratori stretti come il consigliere della Casa Bianca, Steve Ricchetti, cammina per strada senza essere riconosciuto. All'inizio, uno dei pochi membri del gabinetto con potere stellare indipendente, il segretario ai trasporti Pete Buttigieg, appariva regolarmente sui social media, veniva avvistato in giro per la città in bicicletta o comprava ciambelle. Un anno dopo, è padre di due gemelli di pochi mesi, un cambiamento che rende molto più difficile uscire di casa. Così, quando Biden invia le scuse al Gridiron perché non presente alla cena, alla fine manda come sostituto ufficiale la segretaria al Commercio Gina Raimondo.

Durante il suo monologo, dice che nessuno sa chi è.[238]

Allo stesso modo c'è poco in termini di tendenza presidenziale. Barack Obama potrebbe mandare un libro in cima alla lista dei bestseller facendosi fotografare con esso, ma è difficile verificare se Biden abbia lo stesso potere perché non ci sono foto di Biden che acquista libri. La ragione principale di ciò, ovviamente, è fuori dal controllo di chiunque: **forse la pandemia, forse un ambiente in cui non è saggio dal punto di vista politico e medico organizzare una cena di stato** o uscire in un ristorante o visitare una libreria intellettuale. Lo stesso galà di Gridiron saltato da Biden è stato al centro di un focolaio d'élite di Covid[239] che ha colpito anche Raimondo, tra numerosi altri esponenti dei media e personaggi politici presenti. L'effetto cumulativo, però, è decisamente disorientante in un luogo che tratta le presidenze come epoche culturali oltre che politiche.

"Non si può definire l'era di Biden a causa del Covid", afferma

[238] https://www.cnbc.com/2022/04/06/biden-commerce-secretary-gina-raimondo-tests-positive-for-covid.html
[239] https://www.politico.com/news/2022/04/06/commerce-secretary-positive-covid-19-00023348

Sally Quinn, cronista di lunga data ed esperta della Washington glamour. "**Non sappiamo quale sarebbe stata l'era Biden se non ci fosse stato il Covid**. Non c'è alcuna categoria in cui questo si adatti in termini di giudizio a Washington e se sia interessante o meno."[240] Nella Washington politica **per essere riconoscibili bisogna anche farsi vedere** nei ristoranti, partecipare agli incontri pubblici. Tutte queste **cose** possono far sorridere, ma **fanno parte del modo in cui un'amministrazione può attirare l'attenzione** ed essere riconoscibile rispetto alle precedenti.

Biden non sta aderendo a quella che si può definire una "presidenza classica" e tutto questo si riflette sul gradimento degli americani nei suoi confronti. **Joe Biden, in questa prima parte di presidenza, sta ancora cercando un equilibrio** tra il desiderio di rivedere gli Stati Uniti leader del mondo e avere una politica interna forte, **con lo scopo di essere confermato nel 2024**.

Ogni dichiarazione non opportuna, ogni aumento del costo della vita ha un effetto su questo obiettivo di lungo termine.

È il gioco "Truth or consequences": **fare errori potrebbe avere delle conseguenze** che Joe Biden può vedere soltanto alle urne, dove i cittadini esprimono le loro opinioni, lontani da sondaggi, ma guardando soltanto a ciò che dà loro più benefici.

Il presidente ha ancora un po' di tempo per cambiare le sue priorità, ma non deve fare passi errati.

---

[240] https://www.politico.com/news/magazine/2022/04/08/joe-bidens-boring-presidency-00023923

Inauguration Day (Ph. Twitter Jill Biden)

Ringraziamenti

RINGRAZIAMENTI

Del mio primo viaggio in America (luglio 2001, tra il Michigan, New York, Chicago e Cedar Point, Ohio), oltre ai ricordi bellissimi, conservo ancora una palla di cristallo. Al suo interno c'è la frase "Hold on tight to your dreams", che da quell'estate indimenticabile è diventata il mio mantra. "Tieniti stretta i tuoi sogni" si legge in questa crystal ball apparentemente pacchiana, ma che per me ha un valore inestimabile. È sempre con me, in ogni trasloco, e ogni tanto la riguardo per ricordare dove quei sogni sono iniziati.

Torniamo sempre lì, oltreoceano. Prima il Michigan, poi Los Angeles, Washington, New York e Boston, per poi capire che il mio magic place è Laguna Beach, graziosa località a sud della City of Angels dove torno appena possibile, per godermi l'oceano, i vinili di Sound Spectrum e anche qualche surfata. L'America non smette mai di stupirmi, per le sue particolarità e contraddizioni. E non si può mai dire di conoscerla a sufficienza: quando inizi a pensarlo, è tempo di ricominciare. Chissà quanto ancora dovrò scoprire di questo paese così grande, mi chiedo spesso. Ma non ho paura di farlo, perché gli Stati Uniti ti accolgono per come sei e se vali, puoi veramente fare qualcosa di importante. Vivere lì ti forgia il carattere, ti spinge oltre i tuoi limiti, ti porta a dare il meglio di te stesso. E no, non è retorica: l'ho provato ed è così. Basta volerlo, tantissimo. Un po' come questo libro: un piccolo, grande desiderio da realizzare, "ma chissà quando" dicevo. E invece: eccolo qui, è tutto vero. Il mio primo grazie, quindi, va a Martina Vignozzi, editor paziente, precisa e sempre presente che mi ha letteralmente "scoperta" e – soprattutto! - ha vinto la mia diffidenza iniziale. Grazie a Eugenio e Giuseppe Santelli e a tutta la squadra redazionale per la fiducia e per avermi accompagnata in questo bellissimo viaggio di scrittura.

Grazie a Mamma, David e Alessia che in questi anni hanno amato i miei sogni quanto me e non hanno mai smesso di spronarmi a realizzarli, nei momenti belli ma soprattutto in quelli più difficili. "Quando parli dell'America ti brillano gli occhi" mi dicono spesso. E hanno ragione, proprio perché "body language never lies!".

Grazie a Giuseppe De Bellis e Omar Schillaci, che sanno valorizzare le mie passioni e talenti giornalistici, ogni giorno. E credono in me, e nella passione che condividiamo per questo lavoro così entusiasmante.

Grazie a Riccardo Romani, mio maestro di racconti e reportage, che in tutti questi anni mi ha sempre guidata (anche da lontano), senza mai smettere di darmi consigli. Incrociarci è spesso complicato (la nostra ultima cena è stata in un sushi bar a Santa Monica nel febbraio 2019) ma affetto e stima non potranno mai mancare.

Grazie a Vince Haley, straordinario scholar, speechwriter, interlocutore perfetto per scambi e discussioni sulla politica americana. Grazie per avermi dato ottimi spunti di lettura per questo libro e non solo. Un'amicizia nata a quando ero una giovanissima stagista all'American Enterprise Institute, in un'America molto diversa da quella odierna, ma non meno interessante e challenging.

Grazie alle mie amiche, poche e speciali, che mi vogliono bene per come sono. Grazie a Matteo Marchi, amico prezioso, che ha scattato la foto per questo libro, dedicando quasi un'intera giornata a trovare la sfumatura migliore per ritrarmi al meglio (e ci è riuscito perfettamente: good job Marchi!)

Grazie all'America, da Grosse Pointe a Laguna Beach, alle lunghe camminate da Dupont Circle a Georgetown, a UCLA, ai cookies e ai sundaes di Diddy Riese, ai vinili di Amoeba e ai tramonti dal Griffith. I film a Los Feliz e i concerti al Forum. Kobe e i Lakers allo Staples. I musical a Broadway e gli spettacoli Off Broadway. Agli autobus della Greyhound presi in luoghi impensabili, alle ore guidate nel deserto della California. Alle tempeste di neve e di sabbia che ho vissuto in questi anni. E che vivrò, ne sono certa.

Grazie a un paese che, nonostante tutto, mi ha insegnato a sviluppare senso critico e credere nelle mie capacità, perché "if you make it here, you make it anywhere" (e non vale solo per New York City).

Un grazie lo dico anche a me stessa perché, nonostante tutto, vivo delle mie passioni, non smetto mai di credere nei miei sogni e do sempre il meglio di me stessa per realizzarli. Tra l'Italia e l'America, con un futuro tutto da scrivere. Intanto, però, mi godo ogni istante del mio presente, a Sky Tg24, Los Angeles, con tanta musica, danza e molto ancora.